JESUS DER CHRISTUS
DAS LEBEN EINES MEISTERS

JESUS DER CHRISTUS
DAS LEBEN EINES MEISTERS

JESUS DER CHRISTUS – DAS LEBEN EINES MEISTERS

Titel der amerikanischen Originalausgabe:
JESUS THE CHRIST – THE LIFFE OF A MASTER

Umschlaggestaltung von Steve Handlan
Übersetzt aus dem Amerikanischen von Helga Krachler
Bearbeitung von Angelika Tessa

Herausgeber der deutschsprachigen Lizenzausgabe ist der In der Tat Verlag.

Diese Übersetzung basiert auf der englischsprachigen Ausgabe, die die von Ramtha übermittelten Originallehren enthält; ein möglicher Verlust von Teilen der Aussage bei der Übersetzung ist unvermeidlich.

Für weitere Informationen über Ramthas Lehren wenden Sie sich bitte an: Ramtha's School of Enlightenment, PO Box 1210, Yelm, WA 98597, USA.

http://www.ramtha.com

ISBN: 978-3-86733-012-1
1.Auflage Juni 2012
In Der Tat Verlag
Ammergauer Str. 80
86971 Peiting
Tel.: 08861-59018 Fax: 08861-67091
www.michaelsverlag.de
info@michaelsverlag.de

Diese Lehrserie ist für all die Schüler des Großen Werkes bestimmt, die Ramthas Lehren lieben.

Wir empfehlen Ihnen, eine ideale Atmosphäre zum Lernen und Kontemplieren zu schaffen.

Machen Sie es sich am Kaminfeuer gemütlich. Bereiten Sie sich vor.
Lernen Sie in aller Aufgeschlossenheit und lassen Sie Ihr Genie hervorkommen.

Vorwort

Die Fireside-Serie enthält in Form einer fortlaufenden Bibliothek eine Sammlung der faszinierendsten und interessantesten Themen, die Ramtha bisher lehrte. Diese Lehrserie ist für all die Schüler des Großen Werkes bestimmt, die Ramthas Lehren lieben. Diese laufende Sammlung soll auch als Unterrichtsmaterial für die Schüler von Ramthas Schule der Erleuchtung und für all diejenigen dienen, die Ramthas Lehren kennen oder sich dafür interessieren.

Im Lauf der letzten drei Jahrzehnte hat Ramtha seine Ausführungen über die Beschaffenheit der Realität und ihre praktische Anwendung in Form zahlreicher Disziplinen ständig methodisch vertieft und erweitert. Der Herausgeber geht davon aus, dass der Leser bereits an einem von Ramthas Schule der Erleuchtung veranstalteten Anfänger-Retreat oder Workshop teilgenommen hat oder zumindest Ramthas einführende Lehren für Anfänger kennt. Die erforderlichen Basisinformationen für Anfänger finden Sie in Ramtha: Das Erschaffen von Realität. Ein Leitfaden für Anfänger (Horamus Publishing, Inc. 1997), oder im englischen Original: Ramtha: A Beginner's Guide to Creating Reality, Third Edition (Yelm: JZK Publishing, a division ofJZK, Inc., 2004).

Dieser Fireside-Serie ist ein Glossar beigefügt, in welchem einige grundlegende, von Ramtha verwendete Konzepte erklärt werden, damit sich der Leser leichter mit den Lehren vertraut machen kann. Wir haben auch eine kurze Einführung von JZ Knight mit aufgenommen, in der sie Ramtha vorstellt und erzählt, wie alles begann. Wir wünschen Ihnen viel Spaß und Besinnlichkeit beim Lesen.

Inhaltsverzeichnis

Der Pfad eines Christus: Um der Wahrheit willen Alles riskieren

Der erste Sonntag, der jemals in der Großen Halle gefeiert wurde, als es festgelegt war, dass diese Schule hier sein würde, war Ostersonntag.[1] Die Lehre handelte von der Auferstehung Christi, einem gut gelebten Leben, einem Mann, der Gott verwirklichte und alles aufs Spiel setzte. „Seht, ihr könnt meinen Körper kreuzigen, aber ihr könnt meine Wahrheit nicht ändern, denn was ihr heute zerstört, werde ich innerhalb von Augenblicken wieder erschaffen." Damit liegen die Karten auf dem Tisch, nicht wahr?

Es ist so schön an Jeschua ben Joseph, dass er sogar im Mythos als dieser großartige, machtvolle, weise und liebende Lehrer verherrlicht wurde. Seine Botschaft, die man zu jener Zeit als ursprünglich betrachtete, war eine Originalbotschaft, die zu ihm gehörte: „Das Königreich des Himmels ist in uns und ich bin sowohl der Menschensohn als auch der Gottessohn. Als der Menschensohn bin ich zerbrechlich, bin ich versucht, bin ich verängstigt, bin ich unsicher, aber als der Gottessohn gehöre ich den Zeitaltern an. Und es gibt Nichts, was ihr mir antun könnt, dem mein Vater im Himmel nicht zugestimmt hat."

Wir lieben diese Botschaft. Sie lässt uns innerlich weinen. Und wir kommen ihr näher, weil wir denken, wenn wir sie verehren, wird diese Größe und dieses göttliche fehlerlose Leben auf uns abfärben. Deshalb weinen wir, wenn wir die Geschichte Jesu hören. Er war ein großer Mann, der gesetzliche Erbe des Throns von Judäa. Er stammte von einem königlichen Haus ab, und es war seine Aufgabe, das Dasein als Menschensohn umzuwandeln in eines als Gottessohn. Es war seine Aufgabe, das zu tun, aber er hatte auch eine Leidenschaft dafür. Der Ostersonntag, an dem wir hier waren, war ein stürmischer Tag und ich sagte zu euch allen: Was also ist der geheimnisvolle Nimbus Christi? Christus kommt von Christos und bedeutet wissen. Das besagt, dass er etwas wusste. Er wusste es, und er lebte es.

Viele Menschen können Dinge philosophisch, theoretisch wissen, aber sie leben sie nicht. Sie trennen sich irgendwie selbst von ihrem Wissen ab. Sie leben in einer Art Psychose, einem Bereich ihres Minds, von dem sie wissen, dessen Wissen sie aber niemals ausleben, weil sie irgendwie von diesem Wissen getrennt leben. Ihr werdet Menschen sagen hören und ich habe euch sagen gehört: „In meinem Inneren weiß ich es besser. Ich weiß, wie die Wahrheit lautet, aber ich lebe sie nicht." Warum? Gibt es in euch irgendein Element, das besagt, die Wahrheit sei bereits Wahrheit, wenn sie erkannt wird und das uns nicht anfleht, unsere eigene Erkenntnis auszuleben? Welch interessante Vorstellung, Meister. Warum wisst ihr so viel und lebt dies so wenig aus?

Ist denn das Handeln der Teil eures Lebens, der bedeutsam ist? Ich werde euch sagen, es sind euer Image und euer Körper, die für euch bedeutsam sind, und dann, irgendwie hier drüben, in dieser kleinen Box, habt ihr das große Wissen sitzen, das ihr irgendwie verehrt, aber zu dem ihr niemals werden müsst. Der Grund eurer Liebe für Christus ist, dass er alles aufs Spiel setzte. Ein Mann setzte alles aufs Spiel und war dann gewillt, seine Wahrheit zu leben, sodass die Vorstellung, ein Menschensohn zu sein für ihn erbärmlich wurde, weil er erkannte, dass Söhne und Töchter der Männer und Frauen das Leben führen, aber die Söhne und Töchter Gottes davon abgehalten werden.

Wir lieben ihn, weil er ein tapferer Mann war. Wir idealisieren ihn, weil er tut, was wir nicht tun konnten, was wir hofften, tun zu können, aber die meisten Menschen niemals tun könnten, weil ihre größte Angst der Tod ist. Die größte Angst ist der Tod, und dies kann der Tod eines Images, der Tod einer Beziehung, der Tod einer Familie oder der Verlust von wirtschaftlicher Unterstützung sein. Der Tod ist eine Sache voller Angst: der Verlust der Jugend, der Verlust der Schönheit, der Verlust von Gliedmaßen. Und wenn ihr all das nehmt und den gemeinsamen Nenner findet, ist es Verlust, ist es Tod.

Also wie viel größer als ihr könnte Christus gewesen sein? Er war eine Wesenheit, die alles aufs Spiel gesetzt hat, alles. Wenn jemand zu euch sagt: „Ich werde dir dein Leben schenken, wenn du widerrufst“, denkt ihr darüber nach. Alles, was ich tun muss, ist „Es tut mir leid“ zu sagen, alles, was ich tun muss, ist zu behaupten, ich wäre unwissend, und wenn ich das tu, dann wird mein Leben gerettet. Aber ein großer Geist wie ein Christus weiß, wenn wir die Wahrheit für die Feinheiten des Lebens prostituieren, sind wir bereits tot.

Die erste Botschaft, als ich hierher kam, lautete, dass ihr Gott wärt, und dass der Christus eure Gelegenheit wäre. Aber ihr beschwört eine Art schreckliche Furcht herauf. Es könnte so nahe sein, wie diesen wichtigen Teil eures Lebens zu meistern, euer Image, euren Körper, ein Christus könnte so nahe dran sein, diese schöne Wahrheit einem lebendigen Licht einzuverleiben. Es könnte so nahe sein. Wie nahe ist das? Vielleicht werde ich alles gewinnen. Was habe ich zu verlieren, indem ich mich verändere? Was habe ich zu verlieren, indem ich meine oberflächliche Unwissenheit aufgebe? Vielleicht ist das, was ich gewinne, Wissen und Freiheit. Aber dann beginnt euer Geist zu arbeiten und sagt: Ja, aber wenn du das aufgibst, sind das die Folgen. Jetzt wissen wir, warum ein Christus so selten war, weil er alles aufgab. Wenn ihr gewillt seid, für das, was ihr wisst, zu sterben, ist das der Moment, in dem ihr am lebendigsten seid.

Diese Lehre, die ich an diesem Ostersonntag überbrachte, hat die Schule in dieser Gegend in Gang gebracht. Es war ein schöner, unvergesslicher Morgen. Es war sehr eindringlich. Das Thema der Lehre war zu sagen, dass keiner von euch jemals wieder eine geistige Idee oder in der Tat einen geistigen Traum verehren muss. Der Christus soll nicht als Idol verehrt, sondern als ein Ideal, das inspiriert, geliebt und bewundert werden.

Das großartigste Wesen, das in euch lebt, ist der Eine, der der Sohn oder die Tochter des lebendigen Gottes ist. Wer ist der lebendige Gott? Euer Heiliger Geist. Er ist wirklich das Grundlegende, das eure gesamte Realität zusammenhält. Aber wir haben ein Problem mit der Meisterschaft, das haben wir, und das Problem ist, dass ihr denkt, ihr würdet verlieren, wenn ihr euch verändert und daher versäumt ihr das Leben. Vielleicht habt ihr es die ganze Zeit über versäumt. Was also sagt ihr darüber? Dort drüben sind euer Leben, eure Freunde, eure Feinde, eure Liebhaber, eure Ehemänner, Ehefrauen, eure Kinder, euer Glauben, euer Wissen, eure Unwissenheit, eure Vorurteile, eure Begrenzungen, eure Leistungen. Und dann gibt es genau hier die Botschaft Gottes, des großartigen Lebens, des würdigen Lebens. Wie bringen wir die beiden nun zusammen? Sie werden selten zusammengeführt, weil Menschen idealerweise philosophisch einen hehren Gedanken anbeten, aber ihn niemals leben wollen. Warum? Und ich werde euch diese Frage stellen: Warum solltet ihr das tun?

Jeschua ben Joseph hatte eine Ehefrau. Er wusste, was es bedeutete, sich mit einer Frau zu lieben und er wusste, wie es war, Kinder zu haben. Hat dies seine Botschaft beendet? Seine Botschaft wurde bereichert. Denkt ihr nicht, dass er die Menschen verstand? Ja. Also was tat er, das anders war als bei euch? Worüber sprechen wir hier? Er tat Folgendes. Die größte Lehre, die er je überbrachte, war die Lehre auf dem Berg.[2] Er sagte zu seinen Leuten, die wissen wollten, wie sie das Königreich des Himmels finden würden, sie sollten ihren Nächsten wie sich selbst lieben. Wir könnten fortfahren und das in diesem einundzwanzigsten Jahrhundert der offenen Sexualbeziehungen ein bisschen weiter erklären. Wir könnten auch sagen, liebe dich selbst, so wie du daran arbeitest, deinen Partner zu lieben. Ich liebte diese Botschaft und er war nicht der erste, der dies sagte. Jeder, der ein Meister war, wusste es bereits. Und es gab viele Meister vor Jeschua ben Joseph, große Meister, und es kamen viele nach ihm. Es wird nicht zu einem einzigartigen Wissen sondern zu einem All-Wissen.

Wer leidet im Leben? Ich werde euch sagen, wer im Leben leidet. Unser Geist leidet darunter, dass wir unseren Körper bevorzugen. Lasst mich dies weiter erklären. Was ist der Geist? Der Geist ist die unsichtbare Stimme. Er ist die unsichtbare Kenntnis. Er ist unsere nicht entwickelte Großartigkeit.

Ein Meister tut das Gegenteil von dem, was ihr tut. Ihr arbeitet daran, euer gesellschaftliches Leben zu entwickeln. Ihr arbeitet daran, eure Körper zu entwickeln. Ihr arbeitet daran, eure Beziehung, eure Schönheit, eure Harmonie zu entwickeln. Ihr arbeitet sogar daran und müht euch damit ab, euer Opferdasein zu entwickeln. Das tut ihr. Ihr wisst, das ist die Wahrheit. Ein Meister tut das Gegenteil. Die Reise eines Meisters handelt nicht davon, die Psychose des physischen Lebens zu entwickeln. Des Meisters Reise ist es, das spirituelle Leben zu entwickeln. Was ist das spirituelle Leben? Das spirituelle Leben besteht darin, ein Leben fehlerlos zu führen, basierend auf dem, was man die höchsten Konzepte dessen, was wir sind, nennt. Und was wir sind, geht über das Geschlecht hinaus, jedes Geschlecht. Buchstäblich sprechen wir über ein Leben, das wirklich dem gewidmet ist, dieses Wissen zu verwenden und dann dieses Leben damit zu gestalten. Das ist es, was ein Meister ist. Für einen Meister gibt es nicht zwei Aspekte des Selbst, das spirituelle und dann das physische Image. Ein Meister nimmt das Spirituelle an und entwickelt es vor dem Körper.

Menschen, die Körper-Geist-Bewusstsein sind, lassen ihr spirituelles Leben buchstäblich zu Tode hungern, denn aufgrund ihrer Körper-Masse-Unterwerfung bekommen sie zu viele Male auf diese Weise Partner, Sexualpartner und werden zu Opfern. Nun, das ist das Physische. Es wirkt in allen Bereichen. Ein spirituelles Wesen, ein Meister, ist hinter dem her, was er weiß.

Der Unterscheid zwischen euch und Jeschua ben Joseph ist, dass Jeschua ben Joseph wusste, dass er geboren wurde, um Gott zu sein, und so war sein Leben dem gewidmet, der Sohn Gottes zu sein, auch wenn er als ein Mensch geboren wurde. Und als er schwach war, gab er zu: „Es ist meine Menschlichkeit. Es ist nicht der Vater in mir. Der Vater in mir ist die all-weise, wissende Intelligenz.“

An diesem Ostersonntagmorgen in dieser Großen Halle und unter diesem Baum in stürmischem Wetter feierten wir wahrlich Jesu Leben und das Leben aller Meister, die sich entschieden, den Pfad eines Meisters zu gehen. Wir feierten seine Auferstehung, feierten, dass er wahrlich als der Sohn Gottes lebte und sich daran erfreute. Deshalb konnte er alles aufs Spiel setzen. Er war ein Wesen, das durch königliches Blut begnadet war. Er war eine Wesenheit, für die alles gut lief, und er konnte mit dieser Art von Macht sicherlich verführen. Aber Menschen, die diese Art von Macht missbrauchen, enden immer in den jämmerlichsten Leben. Es funktioniert im Moment, aber sie werden davon eingeholt.

Jesus war jemand, der die Frau, die er liebte, seine Kinder und den Thron zurückstellte und eine Botschaft hatte. Die Botschaft lautete: „Damit ich der König der Juden sein kann, muss ich erst der Sohn Gottes sein und daher muss ich mein Leben in diesem Sinne leben und nicht als Sohn meiner Mutter und meines Vaters. Alle können die Söhne und Töchter ihrer Eltern sein, aber sehr wenige entscheiden sich je endgültig dazu, zu sagen: Ich bin das königliche Blut meines Heiligen Geistes und das ist das Leben, das ich führen muss."

Liebe erst, wer du bist

Was hat das mit Beziehungen zu tun? Nun, es gibt eine Menge Frauen und Männer in dieser Zuhörerschaft, die etwas verstehen müssen: einen anderen Menschen zu lieben, bedeutet die unwiderrufliche Liebe zu sich selbst. Sich selbst zu lieben, handelt nicht davon, eure Fingernägel zu lackieren und es geht nicht um die Frisur, die ihr habt. Es geht nicht um die Muskeln, die ihr habt oder um die Brüste, die ihr habt oder darum, wie viele Male ihr gehungert habt, damit ihr dünn sein könnt. Ihr tut das und ihr wisst, dass ihr es tut. Das bedeutet nicht, sich selbst zu lieben. Sich selbst zu lieben bedeutet, gemäß der höchsten eigenen moralischen und spirituellen Begabung zu leben. Das bedeutet es, sich selbst zu lieben, und einen anderen Menschen zu lieben, entspricht nur dem, was ihr für euch spirituell empfindet.

Jeder kann ein Körper sein. Wir können jeden in dieser Zuhörerschaft nehmen – jung genauso wie alt – und euch mir neunzig Tage lang anvertrauen. Wenn ihr einen Körper gestalten wollt, weiß ich, wie man einen Körper gestaltet. Ihr werdet nicht nur durchtrainiert sein, ihr werdet analog sein und alles tun können. Ich weiß, wie man Muskeln nutzt. Dafür bin ich nicht hier. Ich bin für das hier, und ihr solltet froh darüber sein.

Nun, Meister, lasst mich auf dieses Thema zurückkommen, weil es wichtig ist. Wenn wir so viel Zeit damit verbringen, unseren großen, moralischen Mind zu entwickeln, wenn wir genau so viel Zeit damit verbrächten, unser spirituelles Selbst zu entwickeln – nicht nur unser fleischliches Selbst; beim fleischlichen Selbst fällt uns das leicht; beim spirituellen Selbst weil es unterentwickelt ist, tut es das nicht – dann können wir jemanden lieben. Dann muss dieser Jemand nicht jemand sein, der uns so sehr braucht, damit sein Leben weitergeht. Wir können jemanden lieben und unseren kostbaren Tempel, was der Körper dann ist, weihen. Wenn Gott manifest wird, dann wird der Körper zum heiligen Tempel. Dann können wir Tempel und Ritual mit jemandem teilen, den wir lieben, rein, rechtschaffen und ehrenhaft. Das ist in Ordnung. Es ist schön. Aber wenn wir Halunken sind, wenn wir an der Psychose unseres Images leiden, werden wir nie irgendjemandem treu sein. Außerdem werden wir nie mit irgendjemandem ehrlich sein, weil wir dies niemals mit uns selbst gewesen sind. Wären wir es gewesen, wären wir nicht in einer unehrlichen Beziehung.

Wenn wir in der Tat uns selbst geachtet und geehrt hätten, wenn wir verstanden hätten, dass unser Samen – das gilt für Männer, weil ich ein Mann war – lebendig war und dass tugendhafte Männer ihren Samen nicht vergießen, außer im Namen der Liebe und des Teilens, hätte das nur dem entsprochen, wer wir sind. Wir können einander lieben, aufgrund der Liebe, die wir für uns selbst empfinden. „Ich gebe dir das Geschenk meines Samens. Ich habe ihn nicht täglich aus Gewohnheit durch Masturbieren vergossen. Ich habe mich selbst geehrt und geschätzt und geliebt, und wenn ich mich dir hingebe, ist das wahrlich ein Geschenk.“ Das ist eine moralische Person.

Gibt es solche Menschen? Ja. Gab es solche Menschen? Ja, große Menschen, große Männer und Frauen. Was ist ein Christus? Er weiß, dass der Samen lebendig ist, und er weiß, dass er Energie ist, und wenn er ihn nicht unnötig vergießt, kann er die Energie direkt in seinem Gehirn dazu verwenden, auf das zu fokussieren, was sein moralisches Leben zu perfektionieren genannt wird.

Christus sagte auch: „Vergebt euren Schuldnern, damit im Grunde euch vergeben wird.“ Schulden bedeuten immer eine Vergangenheit. Jeder Meister, der ein Meister sein will, hat keine Schulden, weil das die Vergangenheit und nicht die Gegenwart ist. Wenn wir denjenigen vergeben, die uns schulden, dann sind wir befreit, um in der Gegenwart zu leben, und das ist kostbarer. Wir mögen der Person vergeben, sie mag denken, wir seien ein Narr. Sie mag unser freundliches Herz feiern, aber sie wurde gerade aus ihrer Ehre entlassen.

Was also ist ein wahrer Meister? Jemand, der so präsent ist, kann nicht den Raum der Vergangenheit besetzen und vergibt denjenigen, die ihm Geld schulden. Nun beginnt ihr zu sehen, warum das hehre Ideal hier oben keinen alltäglichen praktischen Nutzen im Leben hat. Ein Christus strebt nicht nach dem praktischen Nutzen im Leben, sondern danach, das spirituelle Bild Gottes bekannt zu machen.

Es ist wahr, es gibt ältere Menschen in dieser Schule, die diese Worte viele Male gehört haben, aber ihr wart niemals so weit entwickelt, wie ihr es in diesem Augenblick seid. Vielleicht beginnt ihr zu verstehen, wenn ich euch sage, dass wir in der göttlichen Gegenwart, im Moment, diese Box, aus der wir durch unseren Stirnlappen hinausschauen, aufräumen wollen. Wir wollen nicht, dass nur so viel von unserer Box alles ist, was wir für das Manifestieren von Großartigkeit zur Verfügung haben, während wir jeden Tag weiterhin unsere Vergangenheit, unsere Schulden, unsere Lieben, unsere Wut, unseren Hass, unsere Selbstsucht, unser Image erneuern müssen, was so viel vom Moment verbraucht. Kein Wunder, dass wir spirituell ausgehungert sind. Der Mind ist ausgehungert. Es braucht eine geistlose Person, um damit weiterzumachen. Wisst ihr warum? Weil der Mind das Phänomen ist. Der Mind ist das Außergewöhnliche. Der Mind ist die nacheifernde Kreatur, die Realität erschafft.

Es erfordert keine brillante Person, um jeden Moment mit der Vergangenheit, mit Wut, Groll, Versagen, Erfolg, Krankheit, Feinden zu überlagern. Es braucht nur eine Gewohnheit. Es braucht nur ein Leben. Es braucht nur Hormone.

Werdet klar wie kleine Kinder

Nun, das ist die Wahrheit, und ich werde euch sagen, warum es die Wahrheit ist. Ich habe wirklich arrogante, körperlich-physisch orientierte Menschen in dieser Schule. Sie denken, sie wüssten alles. Aber ich habe Kinder, die sie beschämen würden. Sie sind so rein und so unschuldig. Sie haben keine Sexualität. Sie haben kein Image zu schärfen. Sie sind nur Kinder.

Wisst ihr warum? Weil kleine Kinder bereits der reinste Geist sind, der sie je sein werden, wenn sie kleine Kinder sind. Sie haben kein Testosteron. Sie haben keine weiblichen Hormone. Sie haben kein Image. Sie haben keine Brüste und Penisse und sie haben keine Muskeln. Sie haben keine Gesichter und Haare und all das andere Zeug, das im Weg steht. Sie sind einfach nur sie selbst, ohne Image. Wie erklärt ihr das? Wie würde Christus es erklären? Er würde sagen: „Haltet sie nicht fern. Wisst ihr nicht, dass das Königreich des Himmels wie diese kleinen Kinder ist? Die Botschaft, die ich euch anzubieten habe, ist genau wie sie, und die Weise, wie ihr in das Königreich des Himmels eintretet, ist wie eines dieser Kinder zu sein.“

Was sagt er? Sie sind unschuldig. Sie haben keine Feinde. Sie haben keine Liebesgeschichten. Sie haben Träume. Sie haben keine Vaginas, Penisse, Muskeln, Gesichter, Frisuren und Reichtümer. Sie haben keine Krankheiten. Sie sind rein. Nun, ihr alle seid rein gewesen. Was sagt er? „Ihr müsst wie eines dieser Kinder sein, um zu wissen, was ich weiß.“ Das ist eine so wunderschöne Lehre.

Ich liebe meine Kinder, weil sie gezeigt haben, dass das Fenster des göttlichen Augenblicks alles manifestieren kann, was ihr wollt – alles. Was ist dann das Geheimnis? So klar zu sein, so rein, so unschuldig. Es ist mir egal, ob ihr einhundertundachtzig Jahre alt seid und achthundert Kinder habt – könnt ihr immer noch unschuldig sein? Ja. Was bedeutet Unschuld? Wenn der Augenblick nicht durch die Vergangenheit oder das Image verunreinigt wird.

Die Geburt eines Christus

Ihr sollt etwas wissen – eigentlich sollt ihr alles wissen – dass niemand außer den großen Meistern des Altertums und denjenigen, die mit den Lehren an die Öffentlichkeit traten, jemals sagte, dass auch ihr ein Christus seid und dass ihr Gott seid. Das ist es, was so ungeheuerlich war. Das war Blasphemie. Es ist Blasphemie im Westen. Es ist Blasphemie im Osten. Es ist Blasphemie im Norden. Und wenn ihr wahrlich euer Image erobert habt, wird es wahre Blasphemie im Süden sein. Ich mag das. Könnte genauso gut ein Original sein. Genau wie Jeschua ben Joseph habe ich eine Botschaft und ich werde die Botschaft überbringen. Die Menschen, die versuchen, sie zu zerstören, tun dies, weil die Botschaft den Lebensstil untergräbt, an den sie sich gewöhnt haben, und die Botschaft lautet: Du bist Gott. Denkt ihr nicht, es wäre an der Zeit, wie ein solcher zu handeln?

Welche Art von Einfluss hat das auf euer Leben? Nun, gewisse Meister des Altertums kostete es ihr Leben. Denkt noch mal an die Kinder, die hinausgehen und Feldarbeit℠ machen oder in den Tank® oder zum Bogenschießen gehen, Senden-und-Empfangen praktizieren – wie wundervoll sind sie. Die Kinder, die am Kreuzungspunkt von Unschuld und Pubertät stehen, was haben sie aufgegeben? Wenn sie ins Feld gehen, geben sie einen Tag des Spielens auf. Sie geben einen Tag des Verantwortungslosseins auf. Für euch ist es schwierig, so zu denken, aber sie bringen ein Opfer, um zu tun, was sie tun. So schön an ihnen ist, dass sie vollkommen präsent sind und wissen, dass sie wieder spielen können, wenn die Feldarbeit℠ vorbei ist. Aber in der Zwischenzeit wird dem Körper ein Gott entlockt, und um das zu tun, bin ich hier.

Arrogante Menschen in dieser Schule werden niemals die Herrlichkeit Jeschua ben Josephs verstehen, weil sie denken, dass ihr nur wirklich lebt, wenn ihr kopuliert, wenn ihr trinkt, wenn ihr im Image seid, wenn ihr Stil habt, wenn ihr in Mode seid, wenn ihr jung und schön seid. Frauen in dieser Zuhörerschaft, viele von euch denken immer noch, dass euer Leben kein Leben ist, außer wenn ihr schön und sexuell seid und einen Mann durch diese Aspekte halten könnt. Ihr habt euch niemals darüber Gedanken gemacht, was geschehen wird, wenn all das schwindet. Ihr macht euch keine Gedanken darüber. Zu den Übellaunigen unter euch sagt das Image: „Aber ich lebe mein Leben für diese Lehren, wenn ich jeden Tag hinausgehe und Feldarbeit[SM] mache, wenn ich jeden Tag meinen Tag erschaffe, wenn ich gemäß der Bergpredigt lebe, und wenn ich so lebe, werde ich eine Menge Leben versäumen." Nein, das würdet ihr nicht. Die Falle ist, dass ihr denkt, ihr würdet das, weil die Hormone eures Körpers sagen, ihr würdet Leben versäumen. Aber was in der Zwischenzeit tatsächlich geschieht, ist, dass ihr anfangt, euer Leben zu verlängern, und eine Menge biologischer, wundervoller Dinge beginnen euch zu geschehen.

Ich sage euch, der Erhabenste und Schönste der Männer ist ein Mann, der in Würde geht, der seinem spirituellen Selbst gegenüber makellos ist, der sich selbst nicht für die Reflexion im Spiegel liebt, sondern für das, was aus seinen Augen kommt, was von seinen Lippen gesprochen wird, was er in den Tränen, die er vergießt, empfindet. Das ist ein schöner Mann, ein Mann, der sich nicht schämt, der hundert Jahre zurückreichend alles akzeptiert, was er gesagt hat, ein Mann, der ehrlich ist, ein Mann, der nicht opportunistisch ist, ein Mann, der seinen Verstand auf die brillanteste Weise nutzt und versteht, dass die befriedigendste Sache am Ende das Tages nicht sich im Heu wälzen ist, sondern wie sehr ihr in der Lage wart, euer eigenes Leben aus einer hehreren Perspektive heraus zu beeinflussen.

Eine großartige und schöne Frau ist nicht eine Frau, die nach ihrem Gesicht, ihrer Figur beurteilt wird, wie es so viele von euch tun. Das ist nicht Leben. Die natürliche Biologie eures Lebens hat euch eine angenehme Zeit im Leben geschenkt, wo ihr am schönsten und mit der Gelegenheit, Kinder zu gebären, gesegnet seid. Ihr habt die Figur, ihr habt die Brüste, ihr habt den Uterus, ihr habt das Gesicht. Das gilt nur für einen Moment. Das dient nur dem Zweck des Einfangens und Kopulierens. Wahre Schönheit hat nichts mit jemandes Körper zu tun. Sie ist die Originalität des Geistes, die tanzenden Augen und der Geist, der so schnell ist, ein Geist, der die Herausforderungen im Leben kennt und versteht, der nicht von anderen Menschen abhängig ist, der nicht von einem anderen Menschen abhängig ist, und nicht sein Leben damit verbringt, einen Mann einzufangen. Einen spirituellen weiblichen Christus wahrzunehmen, ist etwas wirklich Beeindruckendes. Es ist bewundernswert und seltener als zwei Monde am Himmel.

Das ist eine Wesenheit, die in ihrer eigenen Macht unabhängig ist und sich in sich selbst verliebt. Wenn ihr euch selbst liebt, vervollkommnet ihr die Gedanken, vervollkommnet ihr die Handlungen, vervollkommnet ihr die Träume, sodass plötzlich das Zentrum eures Nukleus nicht jemand anderer ist, sondern ihr selbst es seid. Das Zentrum der Freude ist nicht jemand anderer, sondern ihr selbst, der diese Dinge tut, der euch nachts eine Fröhlichkeit und ein Gefühl von Entzücken bringt, dass das, was ihr getan habt, größer war, als euer Körper, eure Genetik und euer Geschlecht. Nachts erkennt ihr die großartigen Dinge, für die ihr an diesem Tag gelebt habt, was über die Beziehungen in eurem Leben hinausgeht und euch weiser, schöner und spiritueller gemacht hat.

Was sollen wir erwarten, wenn wir nach Hause gehen? Eine Veränderung in Werten, ein reicheres, wahreres, schöneres Selbst, das ihr, wenn die ganze Welt darüber nicht glücklich ist, aufs Spiel setzen und sogar dafür sterben könnt, weil es euch Freude bringt. Was also tut ihr mit all dieser Ausbildung? Habt ihr wirklich gelebt oder beeilt ihr euch nur im Versuch, es zu tun? Ich sage euch, das Leben ist ein Geschenk. Es ist schön. Aber ich sage euch auch, dass ein Mensch, der im Tal lebt, der nur die Berge betrachtet und sich über sie Gedanken macht, sich aber nur mit dem Tal-Bewusstsein beschäftigt, genauso ist, wie einer, der auf dem Berggipfel gelebt und alles gesehen hat. Leben bedeutet so viel mehr.

Wenn ihr den Körper entwickelt, lasst ihr oft euren Geist verhungern. Ihr hungert den Geist um des Körpers, um eurer chemischen Reaktionen willen aus, weil ihr ein Sack voll Chemie seid, wisst ihr? Ihr lasst ihn hungern für die Erfüllung und ihr denkt, das sei Leben. Ist es euch je in den Sinn gekommen, dass Leben vielleicht eine höhere Ordnung ist, ein Geist, der so scharf und so mächtig ist, dass er alle Dinge manifestieren kann? Schließt das den Körper aus? Nein, der Körper wird zum perfekten Tempel eines großen und meisterhaften Führers.

Bedeutet das, ihr werdet niemals wieder sexuelle Beziehungen haben? Nein, aber es bedeutet, dass sie mehr geschätzt, echter, mehr im Moment und nicht künstlich sein werden. Bedeutet das, dass ihr eine Geschäftsgelegenheit versäumen werdet? Nein, es wird euch nur weiser, klüger und wissender machen. Ihr werdet dem Spiel Lichtjahre voraus sein. Bedeutet das in der Tat, dass ihr es versäumt habt, die Welt zu sehen? Wenn ihr die Welt in nur einem Mikrokosmos des Hier und Dort gesehen habt, werdet ihr erkennen, wie unwissend die Welt wirklich ist.

Der Zweck der Schulen der Alten Weisheit: Gott in einem Menschen verwirklicht

Also, meine schönen Leute, am Ostersonntagmorgen sagte ich zu allen: Ihr seid Christus, jemand, der weiß, Gott-Mann und Gott-Frau verwirklicht. Ich sagte auch, dass es einen Augenblick braucht, um das zu wissen, aber der Rest eures Lebens nötig ist, um es zu leben. Und darin liegt der Grund für die Alte Schule der Weisheit, weil niemand weiß, wie man es lehrt. Ich werde euch sagen warum: Weil alle, die es lehren, umfassend auf den des Körpers eingehen und nicht wirklich etwas vom spirituellen Aspekt all dessen verstehen. Spirituell ist für sie eine Art nebulöse Sache, aber ich sage euch, dass der Geist das ist, was hinter unseren Körpern verborgen und unterdrückt ist. Es ist die höhere Denkordnung. Es ist die höhere Wissensordnung. Und wie ihr alle jetzt gelernt habt – je mehr ihr wisst, desto größer sind eure Königreiche.[3]

Geist hat nichts damit zu tun, gut oder schlecht zu sein. Es geht darum, Gott zu sein, der weder noch ist. Der Körper hat damit zu tun, gut oder schlecht zu sein. Das Image hat damit zu tun, gut oder schlecht zu sein. Der Geist hat nichts damit zu tun, das eine oder das andere zu sein, und Gott setzt nur eure Wünsche durch.

An dem Tag haben wir dem Tag, an dem Jeschua ben Joseph von den Toten auferstand und den Tod besiegte, Tribut gezollt, weil er gewillt war, alles aufs Spiel zu setzen. Lasst uns in diesem Zusammenhang sehen, was ihr gelernt habt. Wenn Bewusstsein und Energie alles erschaffen, dann hatte er keine Angst um sein Leben, weil er bewusst wusste, dass er niemals sterben würde und in der Tat zuvor gelebt hat und wieder leben wird. Das bedeutet, alles aufs Spiel zu setzen. Worauf hat er also alles gesetzt? Er hat alles auf seinen Geist gesetzt. Er sagte: „Ich bin bei meinem Heiligen Geist. Ihr könnt meinem Körper alles antun, aber ihr werdet mich nie zerstören.“ Und er hatte Recht. Andererseits wird eine Person, die vollkommen ihr Körper ist, immer sagen: „Wenn ihr mich foltert, werde ich alles tun, was ihr wollt, weil ich den Schmerz nicht aushalten kann und voller Angst bin.“ Und darin liegt die Basis für viele Beziehungen. Welche Art von Beziehung habt ihr? Wenn ihr die letztere habt, dann habt ihr eine leere, nicht progressive Beziehung und ihr seid der Missetäter.

Warum also tut ihr das Werk nicht? Weil ihr denkt, ihr kennt es bereits? Wenn ihr es wirklich kennen würdet, könntet ihr tun, was meine Kinder tun. Aber ihr kennt es nicht, seht ihr? Es geht darum, im Moment unschuldig zu sein und keine Menschen, Orte, Dinge, Zeiten und Ereignisse zu haben, nur den Wunsch. Warum wolltet ihr nicht teilnehmen? Es geht darum, das Geheimnis zu erlernen, das Kinder kennen und das auch ihr kanntet, nämlich, dass alles möglich ist und dass Träume größer als das Leben sind. Wenn das so ist, haben die Kinder Recht, weil alles, das größer als das Leben ist, das Leben selbst sein muss.

Was bedeutet es, bis zu diesem Punkt hinzuarbeiten, dass ihr, wenn ihr an Jeschua ben Joseph denkt, Tränen in den Augen habt und wenn ihr an all die großartigen Menschen denkt, die anscheinend nicht für das fröhlich-vergnügliche Leben sondern für etwas viel Ergreifenderes gelebt haben. Und wo sind sie heute? Ihr fragt euch, nicht wahr? Ihr fragt euch, wohin sie gegangen sind. Vielleicht wussten sie wirklich, worum es im Leben ging. Vielleicht spekuliert ihr nur darüber. Vielleicht werdet ihr von eurem Körper statt von eurem Geist herumgeführt.

Kinder haben diese süße Unschuld, die jeder Meister wiedererlangen muss. Wenn Meister keine Fußspuren hinterlassen, bedeutet dies wirklich, dass sie kindhaft sind. Es bedeutet, dass sie an etwas arbeiten werden. Sie denken nicht an irgendjemanden, irgendeine Zeit, irgendeine Vergangenheit, irgendein Ereignis, irgendetwas, außer ihrem Wunsch. Das ist reine Unschuld und das ist reine Klarheit. Beachtet, dass sie nicht hochintellektuell sind. Das bedeutet dann also, dass die Gabe der Unschuld aus ihnen gelehrt wird und durch den intellektuellen, emotionalen Körper ersetzt wird. Ist das eine Erfahrung? Ja.

Was haben sie also mit Christus zu tun? Er sagte ganz deutlich: „Warum schiebt ihr sie weg? Dies ist wie das Königreich des Himmels, und der einzige Weg, wie ihr in das Königreich des Himmels, das großartige Leben, gelangen könnt, ist wie eines von ihnen werden.“ Was bedeutet das? Es bedeutet, sie sind nur Kinder. Sie haben keine sexuellen Beziehungen am Laufen. Sie haben keine Krankheiten, die sie erschaffen haben. Sie haben kein Opferdasein. Sie haben kein Leiden. Und sie wissen nicht, dass sie unmodisch sind, bis es ihnen jemand sagt. Das bedeutet es, nur Kind zu sein. Das ist schön.

Das ist so selten, aber es ist erforderlich, um ein Gott, ein Christus zu sein, der alles aufs Spiel setzen und sagen kann: „Ich weiß, ihr glaubt mir nicht. Ich weiß, ihr glaubt mir nichts von dem, was ich gesagt habe. Ich weiß, dass all die Dinge, die ich gesagt habe, eure Box herausforderten, eure Körper herausforderten, eure Überzeugungen herausforderten. Ich weiß, ihr glaubt mir nicht und ihr werdet mich kreuzigen, weil ich eine Herausforderung bin. Ich mache euch unruhig. Ich bereite euch Probleme. Ihr könnt mich gedanklich nicht loswerden, weil das, was ich euch sage, wirklich zur Verteidigung eures Geistes und nicht eures Körper-Geist-Bewusstseins dient. Ich weiß, ihr mögt mich nicht. Ich weiß, ihr mögt mich ernstlich nicht. Ihr mögt mich so wenig, dass ihr mich töten, zerstören, mich loswerden wolltet. Ich weiß all das, aber ich spreche die Botschaft dennoch aus. Ich weiß, mein Leben ist in Gefahr und die einzige Weise, wie ihr mich zum Schweigen bringen werdet, ist mich zu töten. Aber ich sage euch dies: Was ich gesagt habe, habe ich als

Zeugnis meines Heiligen Geistes und meines Gottes gesagt. Und ich habe euch gelehrt, was niemand euch lehren würde. Eines Tages werdet ihr auf das Licht treffen und ihr werdet die Wahrheit erkennen und ihr werdet höllisch wünschen, ihr hättet zugehört." Das ist es, was er zu ihnen sagte. Und er sagte: „Ihr könnt meinen Körper zerstören, aber ich werde ihn in einem Wimpernschlag wieder zum Leben erwecken. Dann werdet ihr für immer und ewig einen Feind haben. Und wer ist euer Feind? Eure Schuld, euer Mangel, eure Unwissenheit und euer eigenes Vorurteil."

Nun, diese Botschaft war passend an diesem süßen Sonntagmorgen – diesem stürmischen Morgen im Westen, dem Lande Lemurien – weil das wirklich die Taufe der Großen Halle und dieses Grundstücks für eine Schule war, die schließlich wenige Ausgezeichnete lehren würde, als der Geist zu wandeln und nicht als der Körper, sich so selbstsicher zu fühlen, und so sehr zu wissen, wovon man spricht, dass niemand euch dies je wieder wegnehmen kann. So klar und so rein ist es, sich selbst so ungeheuerlich zu lieben, dass ganz egal, was jemand eurem Körper antut, ihr nicht gegen sie zurückschlagen werdet, weil ihr wisst, was auch immer sie tun, sie die größte Sünde begangen haben und ihr es in jedem Augenblick reparieren könnt und dass ihr weiter und weiter und weiter leben werdet. Was ist eine begrenzte Lebenszeit im Atem aller Ewigkeit?

Die Moral eines Meisters

Die Schule basiert darauf, dass ihr Gott seid und Gott wird in Männern und Frauen zu einem Christus. Die Schule diente dazu, dies mit all ihren Disziplinen, ihren offensichtlich unoffensichtlichen Lehren und ihrem Verständnis frei zu setzen. „Ich kann nicht in den Schoß meiner Mutter zurückkehren, um wiedergeboren zu werden. Die einzige Weise, wie ich wiedergeboren werden kann, ist zu sterben. Ich wünsche jetzt nicht zu sterben. Ich wünsche, wiedergeboren und hier und jetzt erweckt zu werden." Nun, hier und jetzt bedeuten nur zu verstehen, dass es Zeit ist, dem Spirituellen Wichtigkeit zu schenken anstatt dem Physischen, da ihr euch, wenn das Spirituelle im Mittelpunkt steht, selbst lieben und fähig sein werdet, euren Liebhaber, eure Mutter, euren Vater, eure Kinder, eure Freunde zu lieben. Ihr werdet fähig sein, euren Schuldnern zu vergeben, weil sie der Vergangenheit angehören. Wir können nicht den Moment der Klarheit haben, wenn wir ein Vermieter sind, wenn wir ein Gläubiger sind, der das arme Elend unserer Schuldner versklavt, weil sie jämmerlich sind.

Wir können niemals diesen klaren Moment erleben, so lange wir einen Schuldner haben. Und was ist wichtiger, das Geld zu bekommen oder zu vergeben? Es ist das Vergeben, das wichtiger ist, weil wir darin rein sind. Wenn wir nicht vergeben, werden wir immer mit ihnen verbunden sein, und das ist gestern und besetzt den Moment, der wahrlich das, was man den außergewöhnlichen Geist nennt, manifestieren kann. Wir vergeben ihnen.

Was, wenn ihr ein Schuldner seid? Wenn euch vergeben wurde, ist das, was von euch genommen wurde und euch entspannt hat, dass eure Schuld erlassen worden ist. Aber was ist der nächste Schritt für den Schuldner? Der nächste Schritt für den Schuldner ist, dass er seine Verpflichtung erfüllt, um die Schulden aus seiner Gegenwart zu schaffen. Jetzt beginnen wir, makellose – makellose – Männer und Frauen zu finden, die wissen, sogar, wenn ihnen von jenen, denen sie schulden, die Schuld erlassen wurde, sie in ihrem Leben nicht aufgehoben sein wird. Wisst ihr warum? Weil sie eine Schuld sein wird, sie wird das sein, was unerfüllt geblieben ist, und wir werden immer Wege finden, die anderen zu hassen, sie zu untergraben, über sie zu reden, sie zu kreuzigen. Wir tun das nur, um unsere eigene Scham zu verdecken. Sie sind fehlerlos. Sie haben uns vergeben. Welch unberührter Moment. Wir können damit nicht umgehen. Wir müssen sie zum Bösen machen. Jetzt sprechen wir von spiritueller Integrität.

Liebt euren Vater und eure Mutter, ja. Wisst ihr warum? Sie haben euch das Leben geschenkt. Sie waren ein kopulierendes Paar. Ungeachtet dessen, was aus ihnen im Leben geworden ist, haben sie euch den Tempel Gottes gegeben und ihr liebt sie für immer dafür. Sind sie für euer Leben verantwortlich? Nein, sie haben es euch bereits geschenkt. Ihr seid diejenigen, die dafür verantwortlich sind, sie zu lieben und sie immer zu ehren. Es ist mir egal, was sie euch angetan haben. Es ist mir egal, wie sie euch verlassen haben. Ihre Vernachlässigung ist mir egal. Ihre Religion ist mir egal. Ihre Überzeugungen sind mir egal. Es ist mir egal. Ihr ehrt sie, weil sie euch das Leben geschenkt haben. Ihr solltet sie niemals für euer Leben beschuldigen. Sie haben euch den Körper gegeben. Ihr seid der Heilige Geist, der für den Körper verantwortlich ist, nicht sie. Das ist schön.

Was tut ihr also? Ihr vergebt euch selbst und eure Dummheit. Ihr vergebt euch. Und in dem Augenblick, in dem ihr das tut, werdet ihr eure Eltern verstehen, und ihr werdet sie lieben und ehren. Sie zu lieben und zu ehren, bedeutet nicht, dass ihr wieder bei ihnen einziehen müsst, um eure Zuneigung zu zeigen, oder ihr sie anruft und euch Geld borgt. Ich spreche nicht davon. Das sind nicht Liebe und Ehre. Das ist eine Last. Es geht nur darum, sie zu ehren. „Du hast mir das Leben geschenkt." An meine Mutter, das schöne, junge Mädchen: „Du hast mir das Leben geschenkt. Du hast deinen Körper ausgedehnt und ich habe an deinen Brüsten gesaugt, und du hast eine Menge deiner Schönheit aufgegeben, damit ich sein konnte. Ich ehre dich dafür." Und an meinen Vater: „Ich ehre dich, dass ich deinen Namen geerbt habe. Ich ehre dich, dass du mir mit deiner Genetik einen Teil deiner selbst gegeben hast. Ich ehre dich für den Menschen, der du gewesen bist. Und egal, was du tust, ich werde dich immer lieben, denn du hast mir die Möglichkeit geschenkt, wieder geboren zu werden."

Das ist alles, was es gibt. Es ist nicht „und sie haben dies getan und ich habe das getan, und sie haben dies getan und ich habe das getan." Es ist nichts davon. So denkt ein Meister. Er ehrt sie. Wenn das alles ist, was es gibt, dann seid ihr frei, um euren Moment in Ordnung zu bringen.

Euren Gott mit all eurer Macht zu lieben, den Herrn-und-Gott eures Seins mit all eurer Macht und all eurem Leben zu lieben – nun, wer ist Gott? Er ist nicht Jehova und in der Tat ist er nicht das

Pantheon der Götter. Er ist das, von dem ihr stammt, das, was die Wesenheit ist, die den Tempel besetzt. Ihn mit all eurer Macht und all eurem Leben zu lieben, ist allumfassend, ihn zu lieben und zu ehren. Euch gegen euren Geist zu wenden, ist ein spiritueller Verstoß und bringt der Seele Schmerz. Das ist unsere tiefste, dunkelste Qual. Aber wenn wir ihn lieben und ehren, dann lieben und ehren wir ihn in anderen Menschen.

Alle, die das wissen, wollen ihren Stirnlappen rein haben, wie eine Braut, die das Hochzeitsbett für den Bräutigam bereitet. Wir bereiten unseren Mind, wie das Hochzeitsbett für unseren Ehemann, unseren Gott, den Heiligen Geist und wir heiraten ihn. Der Körper heiratet diesen Heiligen Geist. Jetzt haben wir einen Christus, der auf der Erde wandelt. Sind solche Menschen glückliche Wesen? Immer. Würden sie sich jemals aus der Bequemlichkeit von Geld, Sexualität, Aussehen und Annehmlichkeit auf eine Beziehung einlassen? Niemals. Würden sie jemals eine Beziehung basierend auf einem dieser Dinge führen? Niemals, nie. Würden sie jemals andere beschuldigen? Niemals. Und die meisten Dinge, die schief laufen, sind nicht der Fehler dieser Person, sondern ihre eigene Kurzsichtigkeit. Das ist ein Meister, der spricht.

Wenn vor zweitausend Jahren ein Lehrer, der der rechtmäßige Erbe eines königlichen Throns war, durch seine Erbschaft, seinen Glauben und sein Gesetz aufgefordert war, nicht nur ein König zu sein, sondern ein rechtschaffener Lehrer der Menschen, dann war dies ein Meister, der Meisterschaft erlernt hat und diese Menschen ohne Vorurteil und Voreingenommenheit den rechten Weg entlang führen und lehren konnte, ganz egal, was dafür nötig war.

Hier in der Schule haben wir dann die gleiche Situation. Es ist mir egal, was nötig ist, so lange ihr all den Müll in eurem Leben fallen lassen und zur Klarheit zurückkehren könnt. Meine Aufgabe hier ist es, euch auf die gleiche Reise mitzunehmen und nicht eine Reise, die nur einige wenige je unternommen haben; denn es ist für jeden von euch möglich: jeden Mann, jede Frau und jedes Kind, ungeachtet eurer Farbe, ungeachtet eures Glaubens, ungeachtet eurer Herkunft, ungeachtet, wie schön oder wie hässlich ihr seid.

Deshalb bin ich hierher zurückgekommen und die Schule begann am Ostersonntag in der Wiedererweckung des Christus, der sagte: „Das ist das Gesetz. Das ist die Weise, wie es ist. Und ich bin gewillt, mein Leben hinzugeben, obwohl kein anderer es wäre, obwohl diejenigen, die mir am nächsten stehen, vor mir fliehen und mich verleugnen werden. Die Menschen, denen ich vertraut habe, werden mich verleugnen, und ich werde nackt zurückbleiben. Es ist immer noch die Wahrheit. Sie gefällt euch vielleicht nicht und ihr verfügt über das Gesetz, mein Leben zu nehmen, aber ich verfüge über das Gesetz, es wieder zu erwecken, und das werde ich."

Die Angst vor dem Tod und die Kunst des Aufsteigens

Jeschua ben Joseph machte, trotz allem was er wusste, keinen seiner Jünger oder Apostel zu einem Meister. Sie waren Philosophen, obwohl er zu ihnen sagte: „Alles, was ich getan habe, könnt ihr viel besser tun. Tut es einfach."[4] Sie taten es nie. Nicht einer von Jeschua ben Josephs Anhängern wurde je ein Meister.

Menschen sind seltsame Tiere. Sie sind eigentlich ihrer Sexualität ergeben. Sie sind ihrem Bereich ergeben. Und sie zu entwurzeln ist für jeden Rufer, der in die Wüste hinaus rief, beinahe unmöglich gewesen. All die großen Kunstwerke, die literarischen Werke, all die großen Poeten und großen Propheten versuchten zu inspirieren, zu erwecken und diese Botschaft den Menschen weiterzugeben, die sie nur religiös oder kunstvoll fanden und sie in ihre eigene kleine Box steckten, hübsch und ordentlich, und die damit niemals fortfuhren, niemals davon inspiriert waren.

Wie viele Menschen in eurem Leben haben euch je gesagt, dass ihr ein Gott seid, und wie viele Menschen in eurem Leben haben euch je gesagt, dass ihr einfach so von alleine großartig seid? Ihr seid aus dem Grund hier, weil ich euch Dinge gesagt habe, die keine andere Wesenheit in der ganzen Welt euch jemals gesagt und die keine andere Kultur je respektiert hat. Alle haben Stückchen davon, aber niemand hat alles. Die Menschen, die alles haben, leben nicht mehr hier. Sie sind weiter gezogen. Menschen, die hier leben, wissen immer noch nicht.

Wer hat euch je gesagt, dass ihr wirklich großartig seid und dass ihr alles tun könnt und dass ihr großartiger als euer Körper, großartiger als euer Image, großartiger als euer Trägesein und dass ihr wirklich Gott seid? Ich muss euch fragen, ob ihr das vielleicht nicht hören wollt. Vielleicht seid ihr einer von jenen Menschen, welche die gute Botschaft zerstören, weil die gute Botschaft bedeutet, dass ihr euch ändern müsst. Vielleicht seid ihr einer dieser Zerstörer. Wie weit seid ihr von diesem Christus entfernt, der sein Leben aufs Spiel gesetzt hat? Man hat diesen Mann getötet.

Wisst ihr, warum ich meine verletzten Menschen liebe? Weil sie es darauf abgesehen haben. Sie haben Verletzungen erschaffen, ja, aber sie haben sie überlebt. Sie hatten es darauf abgesehen und hatten keine Angst. Ich wurde von einem Schwert durchbohrt, und ich war in meinem Leben ziemlich schlau – der Sohn Gottes wurde von verrückten Menschen getötet – aber wir hatten es darauf abgesehen.

Erinnert ihr euch an die Geschichte über die großen Meister, die ihr nicht erkennen würdet? Ihr würdet sie nicht ansehen, weil sie nicht schön sind. Sie haben halb abgebissene Ohren und sie haben Narben entlang ihres Nackens, am Arm, einen fehlenden Finger. Nun, wie könnte so jemand ein Meister sein? All dies sind Lektionen. Ich habe meine Narbe behalten bis an den Tag, an dem ich hier wegging. Ich habe sie geliebt. Sie hat mein Leben verändert. Sie hat mich von meiner hochmütigen Existenz zu meiner Sterblichkeit gebracht. Als ich wirklich erkannte, dass ich blutete, war das der Tag, an dem ich mich ein wenig sorgte und mich entschied, das zu ändern. Ihr würdet uns also nicht erkennen. Sogar wenn ihr einen Meister sehen wollt, denkt ihr, sie würden mit diesen UFOs über ihren Köpfen herumfliegen, und alle hätten blondes Haar bis zum Boden und diese großen, unhandlichen, nichtsnutzigen Flügel. Die menschlichen Schulterblätter können sich nicht schnell genug anspannen, um euch vom Boden hochzubringen. Und abgesehen davon, sogar wenn ihr Flügel hättet, wie würde das eure Mode verändern? Nun, das ist auch etwas, das in Betracht zu ziehen ist.

Wie weit seid ihr also von der Großartigkeit entfernt, dass ihr darüber weint, aber zu schwach wart, um jemals dazu zu werden? Diese Schule handelt nicht vom Sterben. Sie handelt davon, großartiger zu werden, als was ihr je dachtet sein zu können. Wenn Christus dann dieses wagemutige Original ist, das uns zum Weinen bringt, wie viele Gelegenheiten sind uns gegeben, dieses Original zu sein und alles aufs Spiel zu setzen? Jeder Tag in dieser Schule handelt davon. Jede Disziplin handelt davon. Ich will nicht, dass ihr sterbt. Ich will, dass ihr lebt. Ihr seid diejenigen, die auf dem Sterben beharren. Ihr seid diejenigen, da darauf beharren, limitiert zu denken. Ihr seid diejenigen, die auf ihren Ängsten bestehen, nicht ich. Ich bin ungeheuerlich. Ich will, dass ihr so fantastisch seid, dass ihr am Ende des Tages in einem Gefühl der Ekstase seid, weil ihr sowohl weint und schreit wie zur gleichen Zeit tanzt, weil ihr etwas überwunden habt, das euer Untergang war. So schön.

Ein Mann gegen Rom, ein Mann gegen die Mächte in Jerusalem, ein Mann und zwölf sehr ängstliche Anhänger, welch rechtschaffene Wesenheit. Ihr müsst diese Wesenheit lieben. Ihr müsst ihn lieben. Er war ungeheuerlich und furchtlos. Er war ungeheuerlich und wundervoll, weil er alle Menschen liebte, nicht nur Juden. Er liebte alle Menschen. Welch ungeheuerliche Wesenheit. Es war genug, sein Leben dafür zu leben.

Warum könnt ihr das nicht tun? Warum könnt ihr nicht für Großartigkeit leben? Das ist ungeheuerlich. Es ist schön, kein Heuchler und kein Diplomat, keiner, der in der Mitte des Zauns saß. Ich sage euch, es gibt nichts, das mich mehr ermüdet, als diese kosmischen Redner unter euch oder diese Intellektuellen unter euch, die es lieben, Gedankenlabyrinthe zu spinnen und die so voll davon sind. Sie können nicht einmal das Werk tun. Lasst es uns leben. Könnt ihr es leben? Dann werde ich euch bewundern.

Ich spreche von dem Ostersonntag, an dem wir uns an ein Wesen erinnerten, das nur liebend und mächtig war und ein wahrer Priester inmitten seines Volkes, ein wahrer Meister unter seinen Jüngern, der ungeheuerlich, einzigartig und schön war. Und wir lieben ihn bis zum heutigen Tag. Wie rar sind solche Menschen? Wie viele Meister könnt ihr an einer Hand abzählen? Hat er wirklich je das Leben gelebt? Ja. Was ist mit dem Leben danach, dem Königreich des Himmels, dem Leben für immer und ewig? Das geschieht, wenn ihr das Image eurer Persönlichkeit gegen das Image eures Gottes tauscht, dann tauscht ihr ein kurzes Leben von fünfundsiebzig oder achtzig, vielleicht neunzig Jahren ein. Der letzte Teil ist immer mit Schmerz und Krankheit erfüllt, wenn ihr dieses Etwas dem vorzieht, das unsterblich und großartig ist.

In dieser Schule geht es darum, euch zu lehren, wie ein Christus zu sein, Männer und Frauen, und wie ihr eure kleinen Vorurteile beiseite schiebt, euch auf einem schmalen Grat bewegt und das

Werk tut, und euch nicht fürchtet. Senden-und-Empfangen zu praktizieren, zu lernen, die Gedanken eines anderen Menschen zu lesen, vielleicht werdet ihr nicht ein solcher Narr sein, wenn ihr lernt, dies zu tun. Fähig zu sein, eure Zukunft zu kennen ist wirklich gut, weil ihr dann niemals ein Opfer eurer Entscheidungen sein werdet. Das ist Größe und es ist ungeheuerlich. Deshalb bin ich hier, um euch dies eine kleine Weile lang zu lehren.

Jetzt freue ich mich, berichten zu können, dass ich mehr als zwölf Leute habe. Es gibt immer noch eine Menge glatt zu polieren, aber wir sind gar nicht so weit davon entfernt. Ich möchte euch auch sagen, wenn ihr bisher fähig wart, dieses gesamte Werk zu tun, dann ist die nächste Phase des Werks, das Erhöhen der Körperfrequenz durch den Mind – und dabei nicht den Körper zu verlassen, sondern die Körperzeit zu erhöhen – so einfach, wie eure Karte im Feld zu finden. Es ist nicht unmöglich. Es ist völlig natürlich. Wenn der Mind den Herzschlag beschleunigen oder verlangsamen kann, dann kann der Mind auch die Körperzeit beschleunigen. Nun, der Trick ist, den Mind zu überzeugen. Wie überzeugen wir den Mind? Der Mind wird von dem gestaltet, was man die auf das Gehirn projizierte Absicht der Persönlichkeit nennt. Wenn das Gehirn die Absicht, das Design, aufrecht halten kann, dann ist der Mind überzeugt. Und in dem Moment, in dem der Mind überzeugt ist, haben wir eine dramatische Auseinandersetzung, die zwischen den vergangenen Paradigmen der Realität und den gegenwärtigen Paradigmen der Realität stattfindet. Zeit wird durch Bewusstsein gemessen.

Die nächste Ebene wird sein, die Lehren anzusprechen, wie wir die Frequenz der Körperzeit erhöhen, um den Körper aus der Zeit zu verdrängen und ihn zu ersetzen. Das ist der Beginn der Kunst des Aufsteigens, nicht den Körper zu verlassen, nicht das Haus zurückzulassen, um es verfallen zu sehen, sondern die Zeit im Haus zu verändern, damit wir es auf die Ebene der Glückseligkeit bringen können.

Also muss die Kunst, das geschehen zu lassen, offensichtlich darin bestehen, wieder wie ein kleines Kind zu sein. Ihr sagt ihm, dass es dies tun soll und es tut es einfach. Wenn ich euch lehre, es zu tun, tut ihr es einfach. Es bedeutet nicht, die Folgen der Vergangenheit, die auf die Zukunft, die Beziehung, die Kinder, die Nicht-Kinder, die Zurückweisung, die Akzeptanz, den Schmerz, das Leiden, die Krankheit, die Leidenschaft, die Nicht-Leidenschaft, das Verlassensein, die Umarmung, die sexuelle Störung übertragen wird, mit hineinzuziehen. Also müsst ihr offenbar gut darin sein, nichts von diesen Dingen zu sein, und dann können wir es vollbringen.

JESUS LETZTE EINWEIHUNG

Jeschua ben Joseph wusste, wie immer er etwas sah, würde genau das sein, dem er zugestimmt hat. Als er den Blinden sah, bat ihn der Blinde um Hilfe. Er beugte sich hinunter, hob etwas Lehm auf und spuckte hinein. Was er mit dem Lehm und seiner Spucke tat, war ein neues Biofeld der Partikelbeziehung zu erschaffen. Als er dies tat und den Lehm auf die Augen des Blinden legte, sah Jeschua ben Joseph beim Formen des Lehms perfekte Sehkraft. Während er den Lehm formte, wurde der Lehm zum Katalysator für perfekte Sehkraft. Als er den Lehm auf die Augen des Blinden legte, rekonstruierte dieses Biofeld oder morphogenetische Feld augenblicklich die Sehnervversorgung zum hinteren Teil des Gehirns und er sah sogleich.

Wir nennen dies einen Wunderwirker. Wie machtvoll ist es, wie diese Wesenheit zu sein, die jeden Tag ihres Lebens auf diese Ebene der Beziehung mit dem Partikelfeld hingearbeitet hat? Was musste er tun? Den Pfad entlang gehend sah und entschied er augenblicklich, ob er der Landschaft zustimmte oder sie veränderte. Wenn er ging, safranfarbenen Staub aufwirbelte und sich daran erfreute, dann stimmte er dem Staub zu und der Staub änderte sich nicht. Wie viele Male geht ihr den Pfad entlang und wirbelt Staub auf und regt euch darüber auf? Das verstärkt nur dessen Natur.

Wenn er in eine Gruppe Menschen ging, sie lehrte, dann inne hielt, um sie zu nähren und er nur einen Korb Fische und einen Laib Brot, aber fünftausend Menschen hatte, was würde euer Mind sagen? Lasst uns sofort zum Markt eilen, richtig? Er war ein Meister, der die Beziehung zwischen Geist und Materie verstand, und alles was er tun musste, war seine Gedanken darüber, was er sah, zu verändern. So wurden der Fisch und das Brot zu Samen, die sich in seinem Geiste vervielfachten, und so lange er dies sah, war der Vorrat endlos. Nun, woher hatte er den Vorrat? Der Vorrat kam von einem Fisch und einem Laib Brot, und alles, was er tun musste, war sie zu einer Vielzahl zu machen. Was er also tat, war weiterhin

Echos des Fisches und es Brotes zu erschaffen, und er nahm Energie, die auseinander fiel und verdichtete sie erneut, indem er ihr einen Bezugsrahmen gab, in den sie sich verdichten konnte.

Wenn ihr innehaltet und darüber nachdenkt, jemand beauftragte die Rose, eine Rose zu sein und jemand beauftragte sie, zu duften und jemand oder etwas schrieb der Rose in einem mentalen Gedanken tiefes, samtenes Rot zu. Jemand tat dies, weil sie nicht einfach von selbst entstand. Sie wurde erschaffen, um zu sein, was sie ist, nicht nur die Rose, sondern Vögel und Wasser und die Umwelt. Jemand fokussierte sie in die Evolution. Wer war das? Ihr.

Jeshua ben Joseph wurde als ein Meister bis in die sechste Ebene hinauf betrachtet. Seine Aufgabe, so schwierig sie sein mochte, war der Realität mit seinem Geist zu trotzen. Wenn ich euch heute sage, dass das, was ihr denkt, alles Leben um euch beeinflusst, dann werdet ihr, wenn ihr einen Moment lang aufhört und darüber nachdenkt, sehen, wie euer Leben gemäß euren Gedanken des Images statisch geblieben ist. Ihr fahrt durch die Stadt, ihr erwartet, die Stadt zu sehen, die Stadt ist da. Ihr erwartet, bettelnde Menschen zu sehen, sie sind immer da. Ihr erwartet, am Straßenrand einen Autounfall zu sehen, weil ihr ein wenig Aufregung benötigt – es gibt immer einen. Wenn das wahr ist und ihr die Macht habt, stellt euch vor, welche Einweihung es für ein derartiges Wesen und andere Wesen war, jeden Tag der physischen Realität zu trotzen und sie mit einem so mächtigen Gedanken überlagern zu müssen, dass sie sehen konnten, was nicht da war und die Realität dazu machen konnten. Machtvoll.

Denkt ihr, dass dies machtvoller ist, als ihr es seid? Nein, dies seid ihr. Wo ist eure Energie? Eure Energie ist, dass ihr akzeptiert, was in eurem Leben alltäglich ist. Ihr akzeptiert eure schlechte Gesundheit, ihr akzeptiert eure Probleme, ihr akzeptiert eure Begrenzungen. Und weil ihr sie akzeptiert, friert ihr sie ein und sperrt dann diese Energie in eine Beziehung. Das tut ihr jeden Tag. Ihr seid ein Gott. Ihr tut das. Stellt euch vor, wie es wäre, jeden Tag aufzustehen und der Realität zu trotzen, anzufangen, das, was für euch normal gewesen ist, jeden Tag zu verändern, um übernormal zu sein. Am ersten Tag steht ihr auf und einige Dinge verändern sich, aber nicht alles. Ist das genug, um zurückzukehren und die alltägliche Realität zu akzeptieren, oder ist es so, dass wir einen Geist erschaffen müssen, der so mächtig ist, dass er sich das Energiefeld jeder Lebensform und jeder Situation gefügig machen und es augenblicklich verändern kann? Was ist dafür erforderlich? Ständiger Fokus darauf, was erwartet wird, anstatt was gesehen wird.

Als Jeschua ben Joseph seinen Geist in diesen erhabenen Zustand brachte und ihn dort hielt, war er tatsächlich nicht von dieser Welt, sondern in der Tat, wie man sagte, war er in der Welt. Die höchste Prüfung war, dass er zustimmen musste, als letzte Initiation zu sterben. Was für eine höchste Prüfung. Wie trotzt man dem Tod? Zuerst mal, ihr müsst sterben; sonst ist es keine Prüfung, oder?

Stellt euch vor, wie erschreckend das ist. Keiner von euch ist schon in dieser Position, aber stellt euch vor, wie es wäre, Gott auf dieser Ebene vollständig zu entwickeln. Wie würde er das tun? Seine höchste Prüfung wäre, zuzustimmen, vor allen zu sterben. So machtvoll war sein Mind, den er „der Vater in mir" nannte, so machtvoll war er, dass er dem Körper erlaubte, zu sterben und zu verfallen. Dann im passenden Augenblick sollte er wieder eine Beziehung mit dem Körper aufnehmen. Ist das möglich? Angesichts dessen, was wir mit Partikeln tun, wie Wissenschaftler sagen, ist das möglich? Das ist es in der Tat.

Wo ist hier das Schlupfloch? Das Schlupfloch ist, dass wir vor dem Leben so sehr Angst haben, dass wir nie leben. Wir haben so sehr Angst vor dem Sterben, dass wir niemals das Leben leben. Niemand in diesem Raum hat die Fähigkeit, das zu tun, weil niemand eine derartige Wand der Realität aufgebaut hat, die besagt: „Leg den Körper tot hin wie er ist, ich werde ihn wieder auferwecken." Niemand von euch hat dies schon entwickelt, weil ihr noch nicht gelebt habt. Stellt euch vor, welche Art Körper er dann hatte. Der Körper geriet innerhalb von drei Tagen in physische Fäulnis und er kam zurück.

In eurem letzten Leben seid ihr nie weiter als zum Licht gegangen. Im Licht, bevor ihr in diese Inkarnation gekommen seid, habt ihr Rückschau auf euer letztes Leben gehalten. Die Rückschau fand in eurem Lichtkörper statt. Er betrachtete, entfaltete all die Energie und gab euch einen lebendigen Bildschirm, um zu sehen, was ihr getan habt, wer ihr wart, was ihr erreicht habt, wie ihr euch entwickelt und wo ihr euch nicht entwickelt habt. Er entrollte einfach die Energie und erlaubte ihr, zu spielen. Dann, als ihr euch entschieden oder einen Beschluss gefasst hattet, dachtet ihr mit einem Lichtkörper, keinem menschlichen Körper, aber ihr wart euch immer noch bewusst, dass ihr es im physischen Körper hättet besser machen können. Findet ihr es nicht interessant, dass Wesenheiten, die ins Licht gingen, darüber sprachen, ihr Leben betrachtet und mit einem bewussten Urteil gesehen zu haben? Sie hatten kein Gehirn. Wie waren sie fähig, eine Meinung über das, was sie sahen, zu formen? Weil sie ein Gehirn hatten. Was war das Gehirn? Es war nicht das graue Gewebe, das hier oben sitzt, sondern es war ein Gehirn, das dem Körper, den sie bewohnten, entsprach.

Wenn ihr sterbt, bewegt ihr euch augenblicklich ins Infrarot. Das ist der hellsichtige Bereich. Vom hellsichtigen Bereich aus erscheint der Schacht des Lichts und ihr geht in ihn hinein, und ihr bewegt euch tatsächlich vom niedrigen Infrarot zum hohen Ende des Infrarots. Dann trefft ihr auf das Licht. Wer ist das Licht? Ihr. Es ist dort, wo ihr alles seht. Während ihr eine Entscheidung über euer physisches Leben trefft, gibt es vier weitere potenzielle Leben oder Körper, die vom Licht umfasst sind, und alles was ihr weiter tut, ist der Rückkehr in dieses zuzustimmen. Also habt ihr diese vier anderen Körper nie verändert. Sie sind, was wir verborgen nennen. Wir verwerten den Lichtkörper, den Infrarotkörper und den physischen Körper immer wieder, aber wir müssen erst die verborgenen Körper der oberen vier Bereiche nutzen.

Was hat dies mit der Christuswerdung von Jeschua ben Josephs zu tun? Er musste beweisen, dass er auf die oberen Königreiche Gottes zugriff, und er hatte es in jeder einzelnen Weise durch all die Wunder und die Lehren, die er vermittelte, bewiesen. Da gab es eine Sache, die alle Menschen in ihren Herzen ängstigte, und das war der Tod. Die hellenistischen Juden dieser Zeit waren die einzigen, die an Wiedergeburt glaubten. Die Juden Abrahams glaubten nicht an Wiedergeburt. Sie glaubten an die Hölle, was der am meisten Furcht erregende Aspekt war, und sie bedeutete einfach ein flaches Grab, in dem ihre Körper zerfallen würden.

Jeschua ben Joseph musste einer Kultur von Menschen zeigen, dass es ein Leben nach dem Tode gab. Die Weise, wie er es tun musste, war, sein eigenes Leben zu opfern. Er musste den Körper sterben lassen und den ganzen Weg zurücklegen, er musste alle diese Körper entfalten, bis er genau hier war und sagte: „Mein Vater und ich sind eins." Er sagte: „Mein Geist ist nicht länger aus dem Hause Davids in diesen schrecklichen Zeiten. Mein Geist ist mein Vater in mir", der erste Geist. Er musste jeden dieser Körper ablegen, sogar den Lichtkörper.[5] Er konnte ihn nicht behalten. Er musste den Lichtkörper abstreifen und den Blue Body, den blauen Körper, manifestieren. Er musste den Blue Body abstreifen, der Shiva ist, und den goldenen Körper manifestieren. Er musste den goldenen Körper abstreifen, zum rosafarbenen Körper übergehen und dann musste er ins Unendliche Unbekannte gehen. Und erst als er das tat, war er unzerstörbar.

Aus diesem Zustand heraus erweckte er seinen physischen Körper wieder und gab ihm Leben, aber was er ihm gab, war ewiges Leben. In anderen Worten, sein Körper hier unten vibrierte beinahe in der Geschwindigkeit des Lichts. Er hielt ihn langsam, damit er mit Menschen interagieren und ihnen die letzten Lehren vermitteln konnte. Warum strahlte sein Körper so schnell? Weil darin sein Bewusstsein wohnte. Gott war nun Mensch. Er hob seinen Körper auf und rekonstruierte seine physische Materie, aber er rekonstruierte sie vom Gesichtspunkt Gottes aus, daher vibrierte er so schnell. Wohin ging er, als er wegging? Er erhöhte einfach seine Frequenz immer weiter. In anderen Worten, er fing an, einen Spin um das Atom zu erzeugen und dann kollabierte der Spin nach innen, ins Innere des Nukleus und er begann sich zu drehen. Die ganz Zeit über, die er dies tat, erlaubte all der Spin jedem dieser Partikel in den freien Raum zu gelangen. Jesus entfaltete die sieben Körper, und als er verschwand, verschwand er bei Licht.

Das geschah erst, als er Christus, der Auferstandene, genannt wurde. Das war die letzte Prüfung. Das bedeutete, sein Bewusstsein musste damit so vollkommen eins sein, dass nicht einmal der Tod sich diesem Mind widersetzen konnte. Indem er dies tat, haben wir jetzt große Mythen, Legenden und eine Religion, die diese Wesenheit umgeben. Was euch niemals erzählt wurde, ist nicht, dass Jesus euer Leben retten wird, sondern vielmehr, dass er ein Meister war, der die Macht Gottes im Menschen gezeigt hat, und dass alle, wenn sie die Augen hätten, dies zu sehen, es verstehen würden. Wenn irgendjemand die Ohren hatte, die Botschaft zu hören, wurde ihm die Botschaft angeboten. Er musste nur einfach genug sein, um die Umwandlung des menschlichen Geistes in Ewigkeit zu verstehen, und sie wurde demonstriert. Sie wurde nicht nur an ihm demonstriert. Sie wurde über Äonen in jeder Kultur demonstriert, weil Menschen so schnell vergessen.

Was haben wir nun? Wir haben nun eine Religion um Jesus, der Gottes einziger Sohn sein soll. Das ergibt keinen Sinn, weil alle die Söhne und Töchter Gottes sind, nicht nur er. Er kann euch nicht retten. Wenn er es könnte, hätte er es im ersten Jahrhundert getan. Das ist seine Botschaft. Wie kommt es, dass er seine Jünger das nicht lehrte? Weil sie einfache Männer waren. Sie waren Fischer. Sie waren Steuereintreiber. Sie waren Menschen wie ihr. Wie hätte er sie dies lehren können? Er konnte es nicht. Alles, was er tun konnte, war sie in Parabeln und in Taten zu lehren.

Eines schönen Morgens werdet ihr aufwachen und erkennen, was ich euch gelehrt habe, und ihr werdet nicht verblüfft dasitzen. Ihr werdet anfangen zu lachen, und es wird von einem wundervollen Ort kommen, sodass ihr gar nicht aufhören könnt. Ihr werdet lachen und lachen und lachen, weil ihr die Heiterkeit sehen werdet, die auf der anderen Seite dieser ernsten menschlichen Einstellung steht, dass alles bedrückend und alles schrecklich ist. Ich sage euch, der Gott, den ich liebe, hat niemanden je verurteilt. Er ist eine gebende Wesenheit. Er ist eine Quelle. Er sagt niemals zu euch: „Nun, du willst es, aber du kannst es nicht haben." Er sagt niemals zu euch: „Du solltest Buße tun, bevor du es bekommst." Er sagt niemals zu euch: „Sag, dass es dir leid tut, dann werde ich es dir geben."

Sie sollten Jeschua ben Joseph von diesem Kreuz nehmen. Welch trauriger Anblick. Das dient dazu, euch ein Gefühl von Schuld zu vermitteln. Ich sage euch, der Gott, von dem ihr lernt, ist immerwährendes Leben, ein Leben, das so erfüllt ist, dass ihr gar nicht den Geist dafür habt, zu erkennen, wie viel es da noch zu erfahren gibt.

Ein Leben der Tugend

Tugend ist ein harter Weg in gewissem Sinne, aber sie ist es Wert. Tugend ist Ehrlichkeit. Tugend ist Klarheit. Sie bedeutet, niemanden zu benutzen. Sie bedeutet, niemanden zu belügen. Es geht bei ihr darum, sich selbst treu zu sein. All eure Schuld, die ihr in euch hegt, all die Dinge, die ihr getan habt, all das Missbrauchen, das ihr anderen Menschen angetan habt, sind Samen für Krankheiten, und letztendlich werdet ihr eurem eigenen Verderben ausgeliefert sein. Der Tag, an dem wir uns öffnen und ganz klar atmen können, kommt, wenn wir unseren Schuldnern und denjenigen, die gegen uns gesündigt haben, vergeben. Wenn wir vergeben, erlauben wir der Vergangenheit, zu ruhen und nicht länger diese wertvollen Augenblicke, die wir haben, zu besetzen, welche uns bitten, unser Leben zu erneuern und ein neuer Mensch zu werden, uns neu zu erfinden, uns selbst in einer Weise zu gebären, was zu tun uns niemand je zuvor gestattet hat. Vergeben bedeutet nicht, etwas wieder aufzugreifen. Vergeben bedeutet einfach, die anderen von dem Aspekt unserer Sicht, der der Vergangenheit angehörte, zu befreien.

Freiheit und Tugend sind die gleiche Sache. Sie kommen um den Preis der Bereitwilligkeit dessen, der dieses Privileg genießen soll: die harte Arbeit zu tun, unseren Feinden zu vergeben und „den Hund sterben zu lassen“, unser Fenster freizumachen, unseren Übeltätern zu vergeben, der Ansicht zu vergeben, die ihr früh in eurem Leben angenommen habt und die euch in Schwierigkeiten geführt hat, ganz bis zur Wurzel davon zu gehen, ihr zu vergeben und rein davon zu werden, und niemand anderen in unserem Leben zu behalten, der uns an das Geringere in uns selbst erinnert.

Es ist eine schreckliche Sache, wenn wir Schwierigkeiten suchen. Es ist eine schreckliche Sache, wenn wir losziehen, um unsere Vergangenheit auszugraben, weil wir letztendlich der Henker und der Gehenkte sein werden. Ich werde glücklich, sehr glücklich sein, wenn ihr alle lernt, euch selbst zu erfinden und nicht zur Lüge der Vergangenheit, sondern in vollem Ausmaß zu dem, wer ihr sein wollt, werdet und euch selbst so sehr liebt, dass ihr niemals wieder von irgend jemandem missbraucht werdet und niemals fühlt, dass ihr es verdient hättet, niemals, und dass ihr auf einer Suche seid, die besagt: „Ich möchte wissen, dass Liebe eine vielfältig strahlende Sache ist." Ich kann ein Tier sein, aber ich wurde als Mann geboren und ich wurde als Frau geboren. Ich möchte meine Eigenschaften kenne. Ich möchte sie kennen und in der Lage sein, nach ihnen zu streben und makellos zu leben und mich nicht wie ein Zuchttier vermehren um der nächsten Generation willen, sondern Kinder aus einer Vereinigung gebären, die so schön, so rein und so pur ist, und niemanden einzufangen, nur um zu versagen und nicht dem zu entsprechen, was von euch außerhalb des Bettes erwartet wird.

So viel zu lernen, und dennoch ist es dies wert, weil ihr unsterbliches Leben bekommt. Ihr lebt lange. Ihr habt angenehme Gedanken und tief gehende, und sie sind nicht mit Vorurteilen behaftet. Sie sind nicht mit Schuld, Scham und Unwissenheit behaftet. Sie sind rein, wie kleine Kinder. Christus sagte, erst wenn ihr wie eines von ihnen wäret, könntet ihr das Königreich des Himmels betreten, und dies ist beinahe die Abschaffung des Tieres für die feenhafte Existenz des reinen Gottes, der reinen Jugend, der reinen Klarheit ohne Vorurteil. Ihr seid niemals zu alt, um aufzuwachen und wieder jung zu sein, und ihr seid niemals so schlecht, dass ihr nicht aufwachen, euch selbst neu erfinden und tugendhaft sein könntet.

Ich habe euch viele Dinge gesagt, über die ihr, wenn ihr wirklich weise seid, ob jung oder alt, wirklich nachdenken und daraufhin einige Entscheidungen treffen solltet. Sich selbst zu schätzen – es zu schätzen – habt ihr jemals darüber nachgedacht, euch selbst wertzuschätzen? Ein einzigartiges Konzept. Und Liebe, nun, wenn ihr wirklich Glück habt und es verdient, werdet ihr in eurem Leben einen Tänzer im Spiegel finden, der mit euch tanzen wird, und ihr werdet nicht wissen, ob ihr es seid, der ein Spiegelbild betrachtet oder ob ihr selbst einfach eins seid. Einstellung ist alles, und ihr könnt das tun. So sei es.

Für immer euer *Ramtha*

Epilog von JZ Knight: Wie alles begann

„Mit anderen Worten, sein gesamtes Bestreben war darauf gerichtet, hierher zu kommen und euch zu lehren, außergewöhnlich zu sein."

Mein Name ist JZ Knight und ich bin die rechtmäßige Besitzerin dieses Körpers. Ramtha und ich sind zwei verschiedene Personen, zwei verschiedene Wesen. Wir haben einen gemeinsamen Realitätspunkt und das ist gewöhnlich mein Körper. Obwohl wir sozusagen gleich aussehen, sehen wir nicht wirklich gleich aus.

Mein ganzes Leben hindurch, schon als ich noch klein war, habe ich Stimmen in meinem Kopf gehört und wundervolle Dinge gesehen, die in meinem Leben für mich normal waren. Ich hatte das Glück, eine Mutter zu haben, die ein sehr hellsichtiger Mensch war und niemals das, was ich sah, verurteilte. Mein ganzes Leben hindurch hatte ich wundervolle Erfahrungen. Die wichtigste Erfahrung war jedoch diese tiefe und umfassende Liebe für Gott, und es gab einen Teil in mir, der verstand, was das bedeutete. Später in meinem Leben ging ich in die Kirche und versuchte, Gott aus der Sicht der religiösen Doktrin zu verstehen, was mir große Schwierigkeiten bereitete, weil es mit dem, was ich fühlte und wusste, in Konflikt stand.

Ramtha war immer Teil meines Lebens gewesen, schon seit ich geboren war, aber ich wusste nicht, wer und was er war, ich wusste nur, dass da eine wundervolle Kraft in mir war, die mit mir einherging und wenn ich in Schwierigkeiten war – ich erlebte viel Schmerz in meinem Leben, während ich heranwuchs – hatte ich doch immer außergewöhnliche Erfahrungen mit diesem Wesen, das mit mir redete. Ich konnte ihn so deutlich hören, wie ich Sie in einem gemeinsamen Gespräch hören könnte. Er half mir, vieles in meinem Leben zu verstehen und das ging weit über das hinaus, was man normalerweise als Rat von jemandem erhält.

Es dauerte bis 1977, bis er an einem Sonntagnachmittag in meiner Küche erschien, wo ich gerade zusammen mit meinem Mann Pyramiden bastelte. Wir dörrten Essen, weil wir gerne mit dem Rucksack loszogen und wanderten. Als ich eines dieser albernen Dinge auf meinen Kopf setzte, tauchte am anderen Ende meiner Küche diese wundervolle Erscheinung auf, über zwei Meter groß, schimmernd, schön und rein. Niemand ist darauf vorbereitet, um 14.30 Uhr so eine Erscheinung in seiner Küche zu sehen. Niemand ist auf so etwas vorbereitet. Und so gab Ramtha sich mir damals zu erkennen. Das Erste, was ich zu ihm sagte – und ich weiß nicht, woher das kam – war: „Du bist so schön. Wer bist du?" Sein Lächeln ist wie die Sonne. Er ist ausgesprochen gut aussehend. Er sagte: „Mein Name ist Ramtha der Erleuchtete und ich bin gekommen, um dir über den Graben zu helfen." Da ich ein einfacher Mensch bin, war meine erste Reaktion auf den Boden zu schauen, denn ich dachte, dass vielleicht etwas mit dem Boden passiert oder eine Bombe abgeworfen worden war. Ich hatte ja keine Ahnung. Von diesem Tag an wurde er zu einer Konstante in meinem Leben. Im Lauf des Jahres 1977 geschahen, gelinde gesagt, viele interessante Dinge. Meine beiden kleinen Kinder lernten Ramtha kennen und erlebten einige unglaubliche Phänomene, genauso wie mein Mann.

Später in diesem Jahr, nachdem er mich gelehrt und dabei einige Schwierigkeiten gehabt hatte, mir verständlich zu machen, was er ist, sagte er eines Tages zu mir: „Ich werde dir einen Boten senden, der dir eine Reihe von Büchern bringen wird. Lies sie, weil du dann wissen wirst, was ich bin." Diese Bücher hießen „Leben und Lehren der Meister im fernen Osten" (Drei Eichen Verlag). Ich las sie und begann zu verstehen, dass Ramtha in gewisser Weise eines dieser Wesen war. Und damit kam ich aus der „bist-du-der-Teufel-oder-bist-du-Gott-Kategorie" heraus, die mich damals plagte. Als ich ihn schließlich verstand, verbrachte er lange, lange Augenblicke mit mir, kam mit seinen mehr als zwei Metern seines schönen Wesens in mein Wohnzimmer spaziert und machte es sich auf meinem Sofa bequem,. Er setzte sich hin und sprach mit mir und lehrte mich. Zu dieser Zeit erkannte ich nicht, dass er bereits alles wusste, was ich ihn fragen würde. Er wusste bereits, wie er mir antworten würde, aber ich wusste nicht, dass er es wusste.

Seit 1977 ging er geduldig in einer Weise mit mir um, dass er all meine Fragen zuließ, nicht über seine Echtheit, sondern Fragen über mich selbst als Gott. Er lehrte mich und fing mich auf, wenn ich mich in Dogma oder Begrenzungen verstrickte, fing mich gerade rechtzeitig auf, lehrte mich und geleitete mich hindurch. Und ich sagte immer: „Weißt du, du bist so geduldig. Ich finde es wundervoll, dass du so geduldig bist". Und er lächelte nur und meinte, dass er 35.000 Jahre alt sei, und was sonst könne man in einer derart langen Zeit tun? Erst vor ungefähr zehn Jahren wurde mir klar, dass er schon wusste, was ich ihn fragen würde und dass er darum so geduldig war. Als der grandiose Lehrer, der er ist, gab er mir die Gelegenheit, meine Themen in mir selbst anzugehen. Er hatte den Anstand, mit mir in einer Weise zu sprechen, die nicht überheblich war. Als wahrer Lehrer erlaubte er mir, selbst zu meinen Erkenntnissen zu gelangen.

Ramtha seit Ende 1979 zu channeln ist ein Erlebnis. Ram ist über zwei Meter groß und trägt zwei Gewänder, in denen ich ihn bisher immer gesehen habe. Obwohl es immer dieselben sind, sind sie doch so schön, dass man ihres Anblicks nie überdrüssig wird. Das innere Gewand ist schneeweiß und reicht bis ganz zum Boden hinunter, dorthin, wo ich annehme, dass sich seine Füße befinden. Darüber trägt er ein Gewand von wunderschönem Violett. Sie müssen verstehen, dass ich mir das Material dieser Gewänder wirklich angeschaut habe und es nicht wirklich materiell ist. Es ist eine Art Licht. Und obwohl dieses Licht in gewisser Weise transparent ist, versteht man doch, dass seine Kleidung auch real ist.

Ramthas Gesicht ist zimtfarben, so kann ich es am besten beschreiben. Seine Haut ist weder wirklich braun noch wirklich weiß noch wirklich rot, sondern eine Art Mischung aus allen dreien. Er hat ausgesprochen tiefschwarze Augen, die in einen hineinsehen können und man weiß, dass sie tief in einen hineinblicken. Er hat hohe Augenbrauen, die wie die Flügel eines Vogels aussehen. Er hat einen sehr eckigen Kiefer und einen schönen Mund, und wenn er lächelt, weiß man, dass man im Himmel ist. Er hat sehr lange Hände und lange Finger, mit denen er äußerst elegant seine Gedanken untermalt.

Nun stellen Sie sich vor, wie schwierig es für mich war – nachdem er mir beigebracht hatte, meinen Körper zu verlassen, indem er mich tatsächlich heraus zog, mich in einen Tunnel warf, wo ich auf die Lichtwand traf und zurückprallte, um dann festzustellen, dass meine Kinder schon wieder aus der Schule zurück waren und ich gerade mal das Frühstücksgeschirr gespült hatte – mich an die Zeitlücken auf dieser Ebene zu gewöhnen. Ich verstand nicht, was ich tat und wohin ich ging, also hatten wir viele Übungsstunden. Sie müssen verstehen, dass er das mit mir um zehn Uhr morgens machte, und wenn ich von der weißen Wand zurückkam, war es 16.30 Uhr. Ich hatte ein echtes Problem damit, mich auf die fehlende Zeit einzustellen. So verbrachten wir viel Zeit damit, dass Ramtha mir beibrachte, wie man dabei vorgeht und es machte Spaß, war ausgelassen und manchmal absolut Furcht einflößend. Sie können sich vorstellen, wie es ist, wenn er auf einen zuging, einen regelrecht aus seinem Körper herauszerrte, mit den Worten: „Nun, wie ist die Aussicht von dort?", an die Decke warf und dann in einen Tunnel schleuderte – vielleicht lässt sich dieser am besten als Schwarzes Loch zur nächsten Ebene beschreiben – durch diesen Tunnel hindurch zu schießen, auf eine Wand aufzutreffen und Amnesie zu haben.

Er bereitete mich darauf vor, mir etwas beizubringen, wozu ich mich schon vor dieser Inkarnation bereit erklärt hatte. Meine Bestimmung in diesem Leben war nicht einfach nur zu heiraten, Kinder zu haben und es im Leben zu etwas zu bringen, sondern Widrigkeiten zu überwinden, um das zuvor Geplante geschehen zu lassen. Und dieses Geschehen schloss außerordentliches Bewusstsein mit ein, das er ist. Meine Versuche, meinen Körper für Ramtha zu kleiden, waren ein Witz. Ich wusste nicht, was ich tun sollte. Bei der allerersten Channeling-Sitzung trug ich hohe Absätze und einen Rock. Ich dachte, ich würde in die Kirche gehen. Sie können sich also vorstellen, falls Sie etwas Zeit haben, sich näher mit ihm zu befassen, wie er geschniegelt in einem Geschäftskostüm und hohen Absätzen aussehen würde, die er in seinem Leben niemals getragen hatte.

Es ist wirklich schwierig, mit Menschen zu sprechen und ihnen verständlich zu machen, dass ich nicht er bin, dass wir zwei verschiedene Wesen sind und dass Sie, wenn Sie mich in diesem Körper ansprechen, mit mir und nicht mit ihm sprechen. Manchmal war das in den letzten Jahren oder so in der Öffentlichkeit eine große Herausforderung für mich, weil die Menschen nicht verstehen, wie es möglich sein kann, dass ein menschliches Wesen mit göttlichem

Mind ausgestattet und doch davon getrennt sein kann. Ich wollte Sie wissen lassen, dass Sie zwar Ramtha hier draußen in meinem Körper sehen und es sich um meinen Körper handelt, er aber völlig anders aussieht. Seine Erscheinung in diesem Körper mindert nicht die Größe dessen, wer und was er ist. Sie sollten auch wissen, dass, wenn wir reden, wenn Sie anfangen, mir Fragen zu stellen über Dinge, die er gesagt hat, ich vielleicht keine Ahnung habe, wovon Sie sprechen, weil ich, wenn ich meinen Körper verlasse, in eine ganz andere Zeit und an einen anderen Ort gehe, an die ich keine bewusste Erinnerung habe. Und ganz gleich, wie viel Zeit er mit Ihnen verbringt, wird das für mich vielleicht fünf oder drei Minuten dauern. Und wenn ich in meinen Körper zurückkehre, ist diese ganze Zeit dieses ganzen Tages vergangen und ich war nicht daran beteiligt. Ich habe nicht gehört, was er zu Ihnen gesagt hat und ich weiß nicht, was er hier draußen getan hat. Wenn ich zurückkehre, ist mein Körper erschöpft. Manchmal habe ich Schwierigkeiten die Treppe hochzukommen, um mich umzuziehen und mich zurechtzumachen für das, was der Tag mir bringen wird oder was vom Tage übrig ist.

Er hat mir eine Menge wundervoller Dinge gezeigt, wovon ich annehme, dass Menschen, die sie nie zu sehen bekamen, sie sich nicht einmal in ihren wildesten Träumen vorstellen können. Ich habe das 23. Universum gesehen, ich habe außerordentliche Wesen getroffen und ich habe Leben beginnen und enden sehen. Ich habe in wenigen Augenblicken gesehen, wie Generationen geboren wurden, lebten und starben. Ich wurde mit historischen Ereignissen vertraut gemacht, was mir dabei half, besser zu verstehen, was ich wissen musste. Mir wurde erlaubt, neben meinem jeweiligen Körper in anderen Leben herzugehen, damit ich beobachten konnte, wer und was ich damals war. Ich durfte mir die andere Seite des Todes ansehen. Dies sind von mir hoch geschätzte Gelegenheiten und Privilegien, die zu genießen ich mir irgendwann in meinem Leben verdient habe.

Anderen Menschen davon zu erzählen ist auf gewisse Weise ernüchternd, weil es schwierig ist, diese Erfahrungen Menschen nahe zu bringen, die nie an diesen Orten waren. Als Erzählerin versuche ich mein Bestes, es ihnen zu vermitteln und doch will es mir nicht ganz gelingen.

Ich weiß auch, dass Ramtha aus diesem Grund auf diese ihm eigene Weise mit seinen Studenten arbeitet, weil er niemanden überschatten will. Mit anderen Worten, sein ganzes Bestreben konzentriert sich darauf, hierher zu kommen und Ihnen beizubringen, außergewöhnlich zu sein. Er ist es schon. Und es geht nicht darum, dass er Phänomene hervorbringt. Wenn er Ihnen sagt, dass er Ihnen Boten schicken wird, werden Sie diese auch bekommen, und zwar in heftigem Ausmaß. Es geht nicht darum, dass er Ihnen Tricks vorführt. Das entspricht nicht seinem Wesen. Solcherart sind die Hilfsmittel eines Avatars, der immer noch ein Guru ist und Anbetung braucht, und das ist bei Ramtha nicht der Fall.

Also wird Folgendes geschehen: Er wird Sie lehren, Sie fördern und es Ihnen ermöglichen, die Phänomene selbst zu erschaffen, und Sie werden es auch tun können. Und eines Tages, wenn Sie auf ein Stichwort hin manifestieren, Ihren Körper verlassen und lieben können, wenn es nach menschlichem Interesse eigentlich unmöglich wäre, das zu tun, wird er schnurstracks in Ihr Leben marschieren, weil Sie bereit sind, an dem teilzuhaben, was er ist. Er ist einfach das, was Sie auch einmal sein werden. Bis dahin ist er gewissenhaft, geduldig, allwissend mit einem übergreifenden Verständnis für alles, was wir wissen müssen, um zu lernen, das zu sein.

Und eines kann ich sagen, wenn Sie das, was Sie in seiner Präsentation gehört haben, interessiert und Sie anfangen, ihn lieb zu gewinnen, obwohl Sie ihn nicht sehen können, dann ist das ein gutes Zeichen, weil es bedeutet, dass das Wichtige in Ihnen Ihre Seele ist, die Sie dazu drängt, sich in diesem Leben zu entfalten. Und das mag zu einer Konfrontation mit Ihrem Neuronennetz führen. Ihre Persönlichkeit kann mit Ihnen diskutieren und debattieren, aber diese Art von Logik ist wirklich leicht zu durchschauen, wenn Ihre Seele Sie zu einer Erfahrung drängt.

Wenn Sie diesen Weg gehen wollen, werden Sie sich in Geduld und Fokus üben und das Werk tun müssen. Anfangs ist das Werk sehr schwierig, aber wenn Sie beharrlich genug sind und dabeibleiben, dann kann ich Ihnen sagen, dass dieser Lehrer eines Tages Ihr Inneres nach außen kehren wird. Eines Tages werden Sie in der Lage sein, all diese bemerkenswerten Dinge so zu vollbringen, wie die Meister, von denen Sie in Mythen und Legenden gehört haben. Sie werden dazu in der Lage sein, weil das die Reise ist. Und schließlich ist diese Fähigkeit die Realität, die einzig einem erwachenden Gott in menschlicher Form offen steht.

Nun, das ist meine Reise und mein ganzes Leben lang war es meine Reise. Wenn sie nicht wichtig gewesen und nicht das wäre, was sie ist – ich würde ganz sicher nicht den größten Teil meines Jahres in Vergessenheit verbringen, nur damit ein paar Menschen kommen und eine New Age-Erfahrung machen können. Es geht hier um etwas, das weit über eine New Age-Erfahrung hinausgeht. Ich sollte auch sagen, dass es viel wichtiger ist, als Meditations- oder Yoga-Fähigkeiten zu besitzen. Es geht um eine Bewusstseinsveränderung, die unser ganzes Leben an jedem Punkt durchzieht, und darum, uns geistig freizumachen und unbegrenzt zu werden, damit wir alles können, dessen wir fähig sind.

Noch etwas anderes, was ich gelernt habe, möchte ich Sie wissen lassen, nämlich dass wir nur dann etwas veranschaulichen können, wenn wir die Fähigkeit dazu besitzen. Man könnte sich fragen: „Nun gut, warum kann ich es nicht, was blockiert mich?“. Unsere einzige Blockade ist unsere mangelnde Fähigkeit, uns hinzugeben, etwas zuzulassen und uns gegenüber unserem Neuronennetz des Zweifels zu behaupten. Wenn man selbst im Angesicht des Zweifels standhalten kann, wird man den Durchbruch schaffen, weil das die einzige Blockade ist, die uns im Weg steht. Und eines Tages werden Sie all diese Dinge tun und all die Dinge sehen können, die ich gesehen habe und sehen durfte.

Also, ich wollte nur hier herauskommen und Ihnen zeigen, dass ich existiere und liebe, was ich tue. Und ich hoffe, dass Sie von diesem Lehrer lernen, und wichtiger noch, dass Sie damit fortfahren werden.

JZ Knight

RAMTHAS GLOSSAR

Affenverstand (*monkey-mind*): Affenverstand bezieht sich auf den flatterhaften Verstand der Persönlichkeit.

Analog: Analog zu sein heißt, im Jetzt zu leben. Dies ist der schöpferische Moment, der sich außerhalb von Zeit, Vergangenheit und Emotionen befindet.

Analoger Mind: Analoger Mind bedeutet **ein** Mind. Er ist das Ergebnis der Ausrichtung von primärem und sekundärem Bewusstsein, dem Beobachter und der Persönlichkeit. Das vierte, fünfte, sechste und siebte Siegel des Körpers sind in diesem Geisteszustand offen. Die Bänder drehen sich in entgegen gesetzter Richtung, wie ein Rad im Rad und erzeugen einen kraftvollen Wirbel, wodurch es den Gedanken, die im Stirnlappen festgehalten werden, möglich wird, sich zu verdichten und zu manifestieren.

Bänder, die: Die Bänder bestehen aus zwei Sets mit je sieben Frequenzen, die den menschlichen Körper umgeben und ihn zusammenzuhalten. Jede der sieben Frequenzschichten der beiden Bänder entspricht im menschlichen Körper einem der sieben Siegel, der sieben Ebenen des Bewusstseins. Die Bänder sind das Aurafeld, das binären und analogen Mind möglich macht.

Beobachter: Bezieht sich auf den Beobachter der Quantenmechanik, der für den Kollaps von Welle/Partikel verantwortlich ist. Er stellt das wahre Selbst, den Geist, das primäre Bewusstsein dar, d.h. den Gott im Menschen.

Bewusstsein: Bewusstsein ist das Kind, das geboren wurde, als die Leere (*the Void*) sich selbst betrachtete. Es ist die Essenz und der Stoff, aus dem alles Sein besteht. Alles Existierende hat seinen Ursprung im Bewusstsein und wurde durch dessen Dienerin, die Energie, nach außen manifestiert. „Bewusstseinsstrom" bezieht sich auf das Kontinuum von Gottes Mind.

Bewusstsein und Energie: Sie sind die dynamischen Schöpferkräfte und unauflöslich miteinander verbunden. Alles Existierende entsprang dem Bewusstsein und manifestierte sich durch die Modulation seiner energetischen Wirkung in der Materie.

Binärer Mind: Dieser Ausdruck meint „zwei Minds". Binärer Mind wird durch Zugriff auf das Wissen der Persönlichkeit und des menschlichen Körpers ohne die Einbeziehung des tiefen unterbewussten Minds erzeugt. Binärer Mind verlässt sich ausschließlich auf das Wissen, die Wahrnehmung und die Gedankenprozesse des Neokortex und der ersten drei Siegel. Das vierte, fünfte, sechste und siebte Siegel bleiben in diesem Geisteszustand geschlossen.

Blue Body® – Blauer Körper: Der Körper, der zur vierten Existenzebene, dem Brückenbewusstsein und dem ultravioletten Frequenzband gehört. Der Blue Body® ist Herr über den Lichtkörper und die physische Ebene.

Blue Body® Dance – Tanz des blauen Körpers: Eine Disziplin, die Ramtha lehrt. Der Schüler hebt sein bewusstes Gewahrsein auf das Bewusstsein der vierten Ebene an. Mit dieser Disziplin kann man Zugang zum Blue Body® gewinnen und das vierte Siegel öffnen.

Blue Body® Healing – Heilung mit dem blauen Körper: Eine Disziplin, die Ramtha lehrt. Der Schüler hebt sein bewusstes Gewahrsein auf das Bewusstsein der vierten Ebene und des Blue Body® an, um den physischen Körper zu heilen oder zu verändern.

Blaue Netze: Die blauen Netze stellen die Grundstruktur des physischen Körpers auf einer subtilen Ebene dar. Diese unsichtbare Skelettstruktur der physischen Realität schwingt im ultravioletten Frequenzbereich.

Bote: Zu Ramthas Lebzeiten hatten Boten die Aufgabe, bestimmte Nachrichten oder Informationen zu überbringen. Ein Meisterlehrer hat die Fähigkeit, anderen Leuten Boten zu senden, die seine Worte oder seine Absicht in Form einer Erfahrung oder eines Ereignisses Wirklichkeit werden lassen.

Buch des Lebens: Ramtha bezeichnet die Seele als das Buch des Lebens, in dem die gesamte Reise der Involution und Evolution des Einzelnen in Form von Weisheit aufgezeichnet ist.

C&E® = R: Consciousness and Energy = Reality, Bewusstsein und Energie erschaffen die Natur der Realität.

C&E®: Abkürzung für Consciousness & Energy℠, (Bewusstsein & Energie) Markenzeichen der grundlegenden Disziplin in Ramthas Schule der Erleuchtung, die zum Manifestieren und zur Anhebung des Bewusstseins dient. Mit Hilfe dieser Disziplin lernt der Schüler, einen analogen Geisteszustand herbeizuführen, seine höheren Siegel zu öffnen und aus der Leere (*the Void*) Wirklichkeit zu erschaffen. Das Einführungsseminar für Anfänger wird „C&Eâ-Workshop für Anfänger" genannt. In diesen Workshops lernen die Schüler die grundlegenden Konzepte und Disziplinen von Ramthas Lehren kennen. Die Lehrinhalte eines C&Eâ-Workshops für Anfänger sind zu finden in *Ramtha: Das Erschaffen von Realität, Ein Leitfaden für Anfänger* (Horamus Publishing, Inc. 1997); oder im englischen Original: *Ramtha: A Beginner's Guide to Creating Reality*, Third Edition (Yelm: JZK Publishing, a division of JZK, Inc., 2004)

Christ walk – Christus-Gang: Der Christus-Gang ist eine von Ramtha entworfene Disziplin, in der der Schüler sehr langsam und absolut bewusst gehen lernt. Die Schüler lernen in dieser Disziplin, mit jedem Schritt den Mind eines Christus zu manifestieren.

Create Your Day℠ – den Tag erschaffen. Dies ist die Dienstleistungsmarke einer von Ramtha entwickelten Technik, mit der Bewusstsein und Energie nach oben bewegt werden und am Morgen, vor Beginn des Tages, absichtsvoll ein konstruktiver Plan für die Erfahrungen der Ereignisse des Tages angelegt wird. Diese Technik wird ausschließlich an Ramthas Schule der Erleuchtung gelehrt.

Disziplinen des Großen Werks: Ramthas Schule der Alten Weisheit ist dem Großen Werk gewidmet. Alle Disziplinen des Großen Werks in Ramthas Schule der Erleuchtung wurden ausschließlich von Ramtha entworfen. Diese Übungen sind wirkungsvolle Einweihungen, durch die der Schüler die Gelegenheit erhält, die Lehren Ramthas aus erster Hand anzuwenden und zu erfahren.

Dritte Ebene: Dies ist die Ebene des bewussten Gewahrseins und des sichtbaren Lichtspektrums. Sie ist auch als Lichtebene oder mentale Ebene bekannt. Wenn die Energie der Blauen Ebene auf diesen Frequenzbereich herabgesenkt wird, spaltet sie sich in positive und negative Polarität. An diesem Punkt teilt sich die Seele in zwei Hälften; so entsteht das Phänomen der Seelengefährten.

Drittes Siegel: Dieses Siegel ist das Energiezentrum des bewussten Gewahrseins und des sichtbaren Lichtspektrums. Es steht in Verbindung mit Kontrolle, Tyrannei, Opfersein und Macht. Es befindet sich im Bereich des Solarplexus.

Ebene der Glückseligkeit: Die Ebene des Ausruhens, auf der die Seelen die Gelegenheit haben, nach ihrer Lebensrückschau ihre nächste Inkarnation zu planen. Sie ist auch als Himmel und Paradies bekannt, wo es weder Leid, noch Schmerz, Not oder Mangel gibt und wo sich jeder Wunsch sofort manifestiert.

Ebene der Veranschaulichung: Die physische Ebene wird auch die Ebene der Veranschaulichung genannt. Auf dieser Ebene hat der Mensch Gelegenheit, sein schöpferisches Potenzial in der Materie zu demonstrieren und Bewusstsein in materieller Form zu erleben, und somit sein emotionales Verstehen zu erweitern.

Emotionalkörper: Der Emotionalkörper ist die Ansammlung vergangener Emotionen, Einstellungen und elektrochemischer Muster, die die menschliche Persönlichkeit des Einzelnen definieren. Ramtha bezeichnet ihn als die Versuchung der Unerleuchteten. Aufgrund unseres Emotionalkörpers reinkarnieren wir uns immer wieder.

Emotionen: Eine Emotion ist der physisch-biochemische Effekt einer Erfahrung. Emotionen gehören der Vergangenheit an, denn sie sind der Ausdruck von Erfahrungen, die bereits bekannt und in den neurosynaptischen Signalwegen des Gehirns festgelegt sind.

Energie: Energie ist das Gegenstück zu Bewusstsein. Alles Bewusstsein bringt eine dynamische Energiewirkung, Ausstrahlung oder einen natürlichen Ausdruck seiner selbst mit sich. Genauso wie alle Formen von Energie ein Bewusstsein mit sich bringen, das sie definiert.

Erleuchtung: Erleuchtung ist die volle Verwirklichung des Menschen, die Erlangung von Unsterblichkeit und unbegrenztem Mind. Sie ist erreicht, wenn die Kundalini-Energie, die an der Basis der Wirbelsäule sitzt, nach oben zum siebten Siegel steigt, das seinerseits die brachliegenden Teile des Gehirns öffnet. Wenn die Energie in das Mittelhirn und das Kleinhirn vordringt und der unterbewusste Mind geöffnet wird, erlebt der Mensch einen blendenden Lichtblitz, den man Erleuchtung nennt.

Erste Ebene: Bezieht sich auf die materielle oder physische Ebene. Sie ist die Ebene des Image-Bewusstseins und der Hertzfrequenz. Sie ist die niedrigste und dichteste Form von verfestigtem Bewusstsein und Energie.

Erste drei Siegel: Die ersten drei Siegel sind die Siegel von Sexualität, Überleben, Schmerz und Leiden, Opfersein und Tyrannei. Diese Siegel kommen im Allgemeinen in allen Verwicklungen des menschlichen Dramas zum Tragen.

Erstes Siegel: Das erste Siegel steht mit den Fortpflanzungsorganen, Sexualität und dem Überlebenstrieb in Verbindung.

Evolution: Evolution ist die Reise zurück nach Hause, von den niedrigsten Frequenzebenen und der Materie zu den höchsten Frequenzebenen und zum Punkt Null.

Fieldwork[SM](Feldarbeit): Feldarbeit ist eine der grundlegenden Disziplinen, die in Ramthas Schule der Erleuchtung gelehrt werden. Die Schüler denken sich ein Symbol aus für etwas, das sie bekannt machen oder erfahren wollen und malen es auf eine Karte. Diese Karten werden mit der unbeschriebenen Seite nach außen an die Querlatten eines Zaunes, der ein großes Feld umgibt, gehängt. Die Schüler setzen sich Augenbinden auf und fokussieren auf ihr Symbol, während sie ihren Körper frei im Feld umher gehen lassen. Durch die Anwendung des Gesetzes von Bewusstsein und Energie und des analogen Minds gehen sie direkt zu ihrer Karte.

Fünfte Ebene: Die fünfte Existenzebene ist die Ebene des Superbewusstseins und der Röntgenfrequenz. Sie ist auch als Goldene Ebene oder Paradies bekannt.

Fünftes Siegel: Das fünfte Siegel ist das Zentrum unseres spirituellen Körpers, das uns mit der fünften Ebene verbindet. Dieses Siegel steht mit der Schilddrüse in Verbindung und steht für das Aussprechen und Leben der Wahrheit ohne Dualismus.

Gedanke: Gedanke ist etwas anderes als Bewusstsein. Das Gehirn verarbeitet einen Bewusstseinsstrom, indem es ihn in Abschnitte zerlegt — holografische Bilder von neurologischen, elektrischen und chemischen Abdrücken, die man Gedanken nennt. Gedanken sind die Bausteine des Minds.

Gelbes Gehirn: Gelbes Gehirn ist Ramthas Name für den Neokortex, den Sitz des analytischen und emotionalen Denkens. Es wird aus dem Grund gelbes Gehirn genannt, weil die beiden Hälften des Neokortex in der ursprünglichen zweidimensionalen, karikaturartigen Zeichnung, die Ramtha für seinen Unterricht über die Funktion des Gehirns verwendete, gelb ausgemalt war. Er erklärte dazu, dass die verschiedenen Aspekte des Gehirns in diesem bestimmten Bild übertrieben und farbig hervorgehoben wurden, um das Studium und das Verstehen zu erleichtern. Diese spezielle Zeichnung wurde als Anschauungsmaterial in allen folgenden Unterrichtsstunden über das Gehirn verwendet.

Gesellschaftliches Bewusstsein: Das Bewusstsein der zweiten Ebene und des infraroten Frequenzbandes. Es wird auch das Image der menschlichen Persönlichkeit und der Mind der ersten drei Siegel genannt. Das Gesellschaftsbewusstsein bezieht sich auf das kollektive Bewusstsein der menschlichen Gesellschaft. Es ist die Ansammlung von Gedanken, Vermutungen, Urteilen, Vorurteilen, Gesetzen, Moralvorstellungen, Werten, Einstellungen, Idealen und Emotionen der Bruderschaft der menschlichen Rasse.

Goldener Körper: Der Körper, der zur fünften Ebene, zum Superbewusstsein und der Röntgenfrequenz gehört.

Götter: Technologisch weit fortgeschrittene Wesen von anderen Sternensystemen, die vor 455 000 Jahren auf die Erde kamen. Diese Götter veränderten die Gene der menschlichen Rasse, indem sie die menschliche DNA mit ihrer eigenen vermischten und modifizierten. Sie sind für die Entwicklung des Neokortex verantwortlich und benutzten die menschliche Rasse als fügsame Arbeitskräfte. Beweise für diese Vorgänge finden sich in sumerischen Tafeln und Artefakten. Der Begriff Götter wird auch zur Beschreibung der wahren Identität der Menschheit, die „vergessenen Götter", verwendet.

Gott: Ramthas Lehren sind die Erläuterung des Satzes: „Du bist Gott." Er beschreibt die Menschheit als die vergessenen Götter: von Natur aus göttliche Wesen, die ihr Erbe und ihre wahre Identität vergessen haben. Genau diese Aussage gibt Ramthas herausfordernde Botschaft an unser modernes Zeitalter wieder, einem Zeitalter voll religiösem Aberglauben und voller Missverständnisse, wenn es um das Göttliche und das wahre Wissen der Weisheit geht.

Gott in uns: Er ist der Beobachter, das wahre Selbst, das primäre Bewusstsein, der Geist, der Gott im Menschen.

Gott/Frau: Die volle Verwirklichung eines Menschen.

Gott/Mann: Die volle Verwirklichung eines Menschen.

Grid[SM]**, The – das Gitter.** Dies ist die Dienstleistungsmarke einer von Ramtha entwickelten Technik, mit der Bewusstsein und Energie nach oben bewegt werden und das Nullpunkt-Energiefeld durch mentale Visualisierung absichtsvoll angezapft und das Gewebe der Wirklichkeit zugänglich gemacht wird. Diese Technik wird ausschließlich an Ramthas Schule der Erleuchtung gelehrt.

Große Werk, das: Das Große Werk ist die praktische Anwendung der Lehren der Schulen der Alten Weisheit. Damit sind die Disziplinen gemeint, durch die der Mensch erleuchtet und zu einem unsterblichen göttlichen Wesen wird.

Hertzebene: siehe **erste Ebene**.

Hierophant: Ein Hierophant ist ein Meisterlehrer, der im Stande ist, was er lehrt auch selbst zu manifestieren und seine Schüler in dieses Wissen einzuweihen.

Hyperbewusstsein: Das Bewusstsein der sechsten Ebene und der Gammastrahlenfrequenz.

Involution: Involution ist die Reise vom Punkt Null und der siebten Ebene zu den langsamsten und dichtesten Frequenzebenen und in die Masse.

Jeschua ben Joseph: Jesus Christus wird von Ramtha, entsprechend der jüdischen Tradition der damaligen Zeit, Jeschua ben Joseph genannt.

JZ Knight: JZ Knight wurde als einzige Person von Ramtha als sein Channel auserwählt. Ramtha spricht von JZ als seiner geliebten Tochter. Zu Ramthas Lebzeiten war sie Ramaya, das älteste der ihm anvertrauten Kinder.

Karbuli: Ramthas Bezeichnung für die Kohlenstoffröhrchen, die Mikrotubuli oder das Skelett der Zelle.

Körper-Mind-Bewusstsein: Körper-Mind-Bewusstsein ist das Bewusstsein, das zur physischen Ebene und zum menschlichen Körper gehört.

Kundalini: Kundalini-Energie ist die Lebenskraft eines Menschen. Während der Pubertät sinkt sie von den höheren Siegeln zum unteren Ende der Wirbelsäule hinab. Sie ist ein gewaltiges Energiereservoir, das für die menschliche Evolution vorgesehen ist. Im Allgemeinen wird sie als am unteren Ende der Wirbelsäule zusammengerollte Schlange dargestellt. Diese Energie unterscheidet sich von der Energie, die aus den ersten drei Siegeln kommt und für Sexualität, Schmerz und Leid, Macht und Opfersein verantwortlich ist. Sie wird im Allgemeinen als die schlafende Schlange oder der schlafende Drache beschrieben. Das Aufsteigen der Kundalini-Energie zur Krone des Kopfes wird die Reise der Erleuchtung genannt. Diese Reise findet statt, wenn die Schlange erwacht, sich spaltet und um die Wirbelsäule herumtanzt. Damit ionisiert sie die Rückenmarksflüssigkeit und verändert deren Molekularstruktur, wodurch sich dann das Mittelhirn und die Tür zum Unterbewusstsein öffnen.

Lebenskraft: Die Lebenskraft ist Vater/Mutter, der Geist, der Lebensatem im Menschen. Sie ist die Plattform, von der aus der Mensch seine Illusionen, Fantasievorstellungen und Träume erschafft.

Lebensrückschau: Die Rückschau auf das soeben vergangene Leben. Sie findet statt, wenn der Mensch nach seinem Tod die dritte Ebene erreicht. Der Mensch erhält die Gelegenheit, der Beobachter, der Agierende und der Empfänger seiner eigenen Taten zu sein. Die unerledigten Angelegenheiten dieser Lebenszeit, die in der Lebensrückschau zum Vorschein kommen, bestimmen den Plan für die nächste Inkarnation.

Leere, die (*the Void*): Die Leere wird definiert als ein unermessliches Nichts materiell, jedoch alle Dinge potenziell.

Licht, das: Das Licht bezieht sich auf die dritte Existenzebene.

Lichtkörper: Der Lichtkörper ist das gleiche wie der strahlende Körper. Er ist der Körper, der zur dritten Ebene des bewussten Gewahrseins und des sichtbaren Lichtfrequenzbandes gehört.

Liste, die: Die Liste ist eine von Ramtha gelehrte Disziplin, in der der Schüler eine Liste von Punkten erstellt, die er kennen lernen oder erfahren will. Er lernt dann, darauf in einem analogen Bewusstseinszustand zu fokussieren. Die Liste ist die Vorlage, derzufolge das Neuronetz der Person gestaltet, verändert und umprogrammiert wird. Mit diesem Hilfsmittel kann die Person bedeutende und anhaltende Veränderungen in sich selbst und in ihrer Wirklichkeit herbeiführen.

Menschen, Orte, Dinge, Zeiten und Ereignisse: Dies sind die Hauptbereiche menschlicher Erfahrung, denen die Persönlichkeit emotional verhaftet ist. Diese Bereiche stellen die Vergangenheit des Menschen dar und machen den Inhalt des Emotionalkörpers aus.

Mind: Mind ist das Produkt von Strömen von Bewusstsein und Energie, die auf das Gehirn einwirken und Gedankenformen, holografische Ausschnitte oder neurosynaptische Muster erschaffen, die man Gedächtnis nennt. Die Ströme von Bewusstsein und Energie erhalten das Gehirn am Leben. Sie sind seine Kraftquelle. Die Fähigkeit eines Menschen zu denken gibt ihm seinen „Mind".

Mind Gottes: Gottes Mind beinhaltet den Mind und die Weisheit aller Lebensformen, die je in irgendeiner Dimension, in irgendeiner Zeit und auf irgendeinem Planeten oder Stern gelebt haben, leben oder leben werden.

Multidimensionaler Mind (*dimensional mind*): Der Mind eines Meisters, der nicht mehr länger nur im Rahmen von linearer Zeit oder einer einzigen Raum-Zeit-Dimension denkt. Ein multidimensionaler Mind kann alle Potenziale gleichzeitig sehen.

Mutter-Vater-Prinzip: die Urquelle allen Lebens, der Vater, die ewige Mutter, die Leere. In Ramthas Lehren sind die Urquelle und der Schöpfer Gott nicht dasselbe. Gott, der Schöpfer wird als Punkt Null oder Primäres Bewusstsein gesehen und nicht als die Urquelle, die Leere.

Namensfeld: Namensfeld wird das große Feld genannt, auf dem die Disziplin Feldarbeit (*Fieldwork*SM) geübt wird.

Neighborhood WalkSM **– Nachbarschafts-Gang.** Diese Dienstleistungsmarke ist eine von JZ Knight entwickelte Technik, mit der Bewusstsein und Energie nach oben bewegt und absichtsvoll unsere Neuronetze und nicht länger erwünschte, fest angelegte Denkmuster abgewandelt und mit neuen Vernetzungen und Mustern unserer Wahl ersetzt werden. Diese Technik wird ausschließlich an Ramthas Schule der Erleuchtung gelehrt.

Neuronetz. Eine Verkürzung des Begriffs „neuronales Netzwerk", einem Netzwerk von Neuronen, die gemeinsam eine Funktion erfüllen.

Obere vier Siegel: Die oberen vier Siegel sind das vierte, fünfte, sechste und siebte Siegel.

Persönlichkeit, die: *Siehe* **Emotionalkörper**.

Primäres Bewusstsein: Das Primäre Bewusstsein ist der Beobachter, das große Selbst, der Gott im Menschen.

Punkt Null: Bezieht sich auf den ursprünglichen Punkt der Bewusstheit, den die Leere geschaffen hat, indem sie sich selbst betrachtete. Punkt Null ist das ursprüngliche Kind der Leere.

Ram: Ram ist eine Kurzversion des Namens Ramtha. Ramtha bedeutet Vater.

Ramaya: Ramtha nennt JZ Knight seine geliebte Tochter. Sie war Ramaya, das erste von Ramthas Adoptivkindern, die er während seines Lebens hatte. Ramtha fand Ramaya verlassen in den Steppen Russlands. Während des Marsches übergaben viele Eltern Ramtha ihre Kinder als Ausdruck ihrer Liebe und höchsten Respekts. Diese Kinder sollten im Haus des Ram aufwachsen. Die Zahl seiner Kinder wuchs auf 133 an, obwohl er selbst nie eigene Nachkommen hatte.

Ramtha (Ethymologie): Der Name Ramtha der Erleuchtete, Herr des Windes, bedeutet Vater. Er bezieht sich auch auf den Ram, der am „schrecklichen Tag des Ram" vom Berg herabkam. „Im gesamten Altertum ging es darum. Und im alten Ägypten gab es eine dem großen Eroberer Ram gewidmete Allee. Die alten Ägypter waren weise genug, zu verstehen, dass diejenigen, die die Straße des Ram entlang gehen konnten, den Wind erobern konnten." Das Wort Aram, der Name von Noahs Enkel, setzt sich aus dem aramäischen Wort *Araa* — das Erde, Landmasse bedeutet — und dem Wort *Ramtha*, das *hoch* bedeutet, zusammen. In diesem semitischen Namen klingt Ramthas Abstieg von dem hohen Berg an, mit dem der große Marsch begann.

Seele: Ramtha bezeichnet die Seele als Buch des Lebens, in dem die ganze Reise der Involution und Evolution des Einzelnen in Form von Weisheit aufgezeichnet ist.

Sekundäres Bewusstsein: Als Punkt Null den Akt der Selbstbetrachtung der Leere nachahmte, erschuf er dabei ein Spiegelbild seiner selbst, einen Bezugspunkt, der die Erforschung der Leere möglich machte. Dieses Spiegelbild wird als Spiegelbewusstsein oder Sekundäres Bewusstsein bezeichnet. *Siehe* **Selbst**.

Selbst, das: Das Selbst ist die wahre Identität des Menschen, die etwas anderes als die Persönlichkeit ist. Es ist der transzendente Aspekt des Menschen. Es bezieht sich auf das Sekundäre Bewusstsein, den Reisenden, der auf seiner Reise der Involution und der Evolution das Unbekannte bekannt macht.

Sechste Ebene: Die sechste Ebene ist das Reich des Hyper-Bewusstseins und des Gammastrahlen-Frequenzbandes. Auf dieser Ebene wird das Einssein mit allem Leben bewusst erfahren.

Sechstes Siegel: Dieses Siegel steht mit der Zirbeldrüse und dem Gammastrahlenfrequenzband in Verbindung. Die Formatio reticularis, die das Wissen des unterbewussten Minds filtert und verhüllt, ist offen, wenn dieses Siegel aktiviert ist. Mit dem Öffnen des Gehirns sind das Öffnen dieses Siegels und die Aktivierung seines Bewusstseins und seiner Energie gemeint.

Senden-und-Empfangen: Senden-und-Empfangen ist der Name einer Disziplin, die Ramtha lehrt. Der Schüler lernt dabei, Zugang zu Informationen zu erhalten, indem er die Fähigkeiten des Mittelhirns nutzt, ohne die sinnliche Wahrnehmung einzusetzen. Diese Disziplin entwickelt die übersinnlichen Fähigkeiten des Schülers, Telepathie und das Vorhersehen zukünftiger Ereignisse.

Shiva: Der Herr und Gott Shiva repräsentiert den Herrn der Blauen Ebene und des Blue Body® (blauen Körpers). Der Name Shiva bezieht sich nicht auf eine einzelne Gottheit im Hinduismus, sondern auf den Bewusstseinszustand der vierten Ebene und des ultravioletten Frequenzbandes sowie auf das Öffnen des vierten Siegels. Shiva ist weder männlich noch weiblich. Er ist ein androgynes Wesen, denn die Energie auf der vierten Ebene ist noch nicht in positive oder negative Polarität aufgespaltet. Hierin liegt ein wesentlicher Unterschied zur traditionellen Darstellung von Shiva im Hinduismus, wo er als männliche Gottheit mit einer Ehefrau dargestellt wird. Das Tigerfell zu seinen Füßen, der Dreizack und Sonne und Mond in Kopfhöhe stellen die Meisterschaft dieses Körpers über die ersten drei Bewusstseinssiegel dar. Die Kundalini-Energie wird als feurige Energie dargestellt, die von der Basis der Wirbelsäule durch den Kopf schießt. Dies ist ein weiterer Unterschied zu einigen hinduistischen Shiva-Darstellungen, in denen die Schlangenenergie aus der Höhe des fünften Siegels oder der Kehle austritt. Weitere Symbole in Shivas Portrait sind die langen dunklen Haarsträhnen und eine Vielzahl von Perlenketten. Sie stehen für einen Reichtum an Erfahrungen, die zu Weisheit wurden. Mit Köcher, Pfeil und Bogen feuert Shiva seinen machtvollen Willen ab, womit er Unvollkommenes zerstört und Neues erschafft.

Sieben Siegel: Die sieben Siegel sind machtvolle Energiezentren, die sieben Bewusstseinsstufen im menschlichen Körper darstellen. Mit Hilfe der Bänder wird der physische Körper in Übereinstimmung mit diesen Siegeln zusammengehalten. Bei jedem Menschen fließt Energie spiralförmig aus den ersten drei Siegeln oder Zentren heraus. Die pulsierende Energie aus den ersten drei Siegeln manifestiert sich jeweils als Sexualität, Pein oder Macht. Wenn die oberen Siegel sich öffnen, wird eine höhere Bewusstheitsstufe aktiviert.

Siebte Ebene: Die siebte Ebene ist die Ebene des Ultra-Bewusstseins und des Frequenzbandes des „Unendlichen Unbekannten". Von dieser Ebene aus wurde die Reise der Involution angetreten. Diese Ebene wurde vom Punkt Null erschaffen, als er den Akt der Kontemplation der Leere nachahmte und so das Spiegel- oder sekundäre Bewusstsein erschuf. Eine Existenzebene oder Raum- und Zeitdimension existiert zwischen zwei Bewusstseinspunkten. All die anderen Ebenen wurden durch Verlangsamung der Zeit und des Frequenzbandes der siebten Ebene erschaffen.

Siebtes Siegel: Dieses Siegel steht in Verbindung mit dem Scheitelpunkt des Kopfes, der Hypophyse und dem Erlangen von Erleuchtung.

Spiegelbewusstsein: Als Punkt Null den Akt der Selbstbetrachtung der Leere nachahmte, erschuf er dabei ein Spiegelbild seiner selbst, einen Bezugspunkt, der die Erforschung der Leere möglich machte. Dieses Spiegelbild wird als Spiegelbewusstsein oder Sekundäres Bewusstsein bezeichnet. *Siehe* **Selbst**.

Superbewusstsein: Das Bewusstsein der fünften Ebene und des Röntgenstrahlenfrequenzbandes.

Tahumo: Tahumo ist eine Disziplin, die Ramtha lehrt, in welcher der Schüler lernt, die Einwirkungen seines natürlichen Umfelds — Hitze und Kälte — auf seinen Körper zu meistern.

Tank®, der: Der Name für das Labyrinth, das ein Teil der Disziplinen von Ramthas Schule der Erleuchtung ist. Die Schüler lernen, mit verbundenen Augen den Eingang zu diesem Labyrinth zu finden und hindurchzugehen, während sie auf die Leere (*the Void*) fokussieren. Sie dürfen die Wände nicht berühren und weder ihre Augen noch ihre anderen Sinne benutzen. Das Ziel dieser Disziplin ist es, mit verbundenen Augen das Zentrum des Labyrinths zu finden oder einen bestimmten Raum, der die Leere darstellt.

Tankfeld: Der Name des großen Feldes, auf dem das Labyrinth steht, das für die Disziplin des Tanks® verwendet wird.

Torsion Process℠ – Torsionsfeldübung. Dies ist die Dienstleistungsmarke einer von Ramtha entwickelten Technik, mit der Bewusstsein und Energie nach oben bewegt werden und durch den Mind ein Torsionsfeld erzeugt wird. Mit dieser Technik lernen die Schüler ein Wurmloch in Raum-Zeit zu erzeugen, die Realität zu ändern und dimensionale Phänomene hervorzubringen, wie Unsichtbarwerden, Bilokation, Teleportation und andere. Diese Technik wird ausschließlich an Ramthas Schule der Erleuchtung gelehrt.

Twilight®: Dieser Begriff bezeichnet eine Disziplin, die Ramtha lehrt. Die Schüler lernen dabei, ihren Körper in einen bewegungslosen Zustand zu versetzen, der tiefem Schlaf ähnelt, und dennoch ihr Bewusstheit aufrecht zu erhalten.

Twilight®Visualisierungs-Prozess: Der Prozess, mit dem die Disziplin der Liste oder andere Visualisierungen geübt werden.

Ultrabewusstsein: Das Bewusstsein der siebten Ebene und des Frequenzbandes des Unbegrenzten Unbekannten. Es ist das Bewusstsein eines aufgestiegenen Meisters.

Das Unbekannte bekannt machen: Dieser Ausdruck bezeichnet den ursprünglichen göttlichen Auftrag, den das Ursprungsbewusstsein erhielt: zu manifestieren und all die unendlichen Potenziale der Leere zur Bewusstheit zu bringen. Dieser Satz stellt die zugrunde liegende Absicht dar, die den dynamischen Evolutionsprozess anfacht.

Unbekannter Gott: Der Unbekannte Gott war der einzige Gott von Ramthas Vorfahren, den Lemuriern. Der Unbekannte Gott repräsentiert auch die vergessene Göttlichkeit und göttliche Herkunft des Menschen.

Unendliches Unbekanntes: Das Frequenzband der siebten Existenzebene und des Ultra-Bewusstseins.

Ungeheuerlich (*outrageous*): Ramtha verwendet dieses Wort im positiven Sinn, um etwas oder jemanden zu charakterisieren, der außergewöhnlich und rar ist, ungehemmt in seinen Taten und über die Maßen kühn oder wild.

Unterbewusstsein (*subconscious mind*): Der Sitz des Unterbewusstseins, des unterbewussten Minds, ist das Kleinhirn oder Reptiliengehirn. Dieser Teil des Gehirns hat seine eigenen, unabhängigen Verbindungen zum Stirnlappen und zum ganzen Körper und hat Zugang zum Mind Gottes, der Weisheit aller Zeiten.

Vierte Ebene: Die vierte Existenzebene ist der Bereich des Brückenbewusstseins und der ultravioletter Frequenz. Diese Ebene wird auch als die Ebene Shivas bezeichnet, des Zerstörers des Alten und Schöpfers des Neuen. Auf dieser Ebene hat sich die Energie noch nicht in positive und negative Ladung gespalten.

Alle andauernden Veränderungen oder Heilungen des physischen Körpers müssen zuerst auf der vierten Ebene und im Blue Body® (blauen Körper) stattfinden. Diese Ebene nennt man auch blaue Ebene oder die Ebene Shivas.

Viertes Siegel: Das vierte Siegel steht mit bedingungsloser Liebe und der Thymusdrüse in Verbindung. Wenn dieses Siegel aktiviert ist, wird ein Hormon im Körper ausgeschüttet, das den Körper bei perfekter Gesundheit hält und den Alterungsprozess stoppt.

Zweite Ebene: Die Existenzebene des Gesellschaftsbewusstseins und des infraroten Frequenzbandes. Sie steht in Verbindung mit Schmerz und Leiden. In der Polarität ist diese Ebene der negative Pol zur dritten Ebene, der Ebene der sichtbaren Lichtfrequenz.

Zweites Siegel: Dieses Siegel ist das Energiezentrum des Gesellschaftsbewusstseins und des infraroten Frequenzbandes. Es steht in Verbindung mit Leid und Schmerz und ist in der Unterleibsgegend angesiedelt.

Abb. A: Die sieben Siegel:
Sieben Bewusstseinsebenen im menschlichen Körper

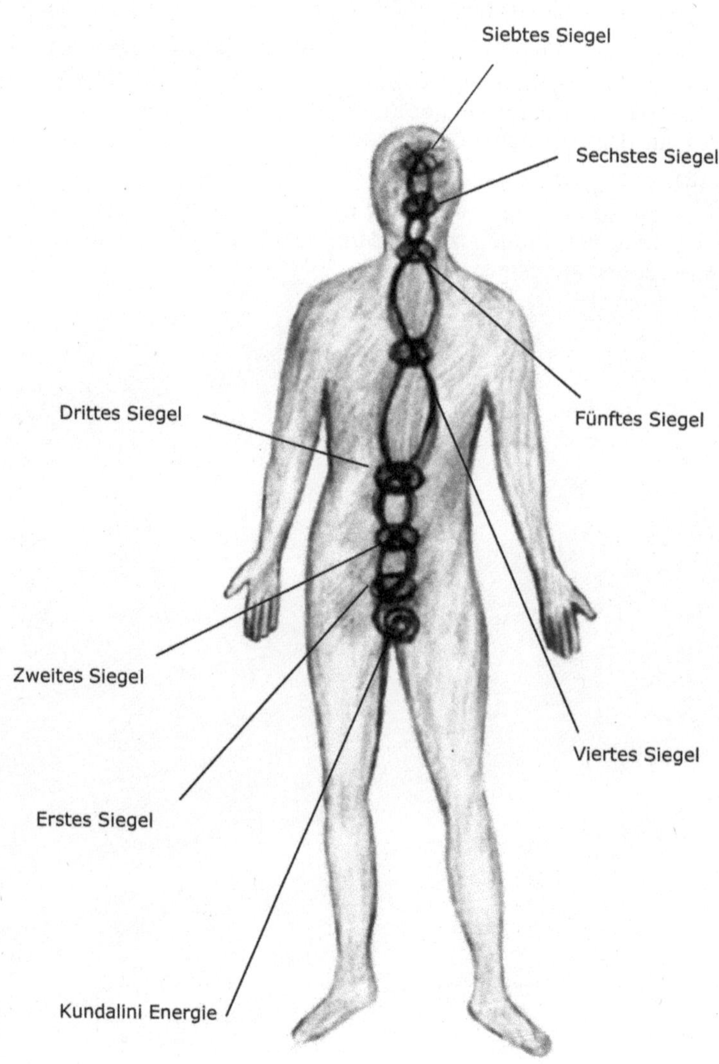

ABB. B: SIEBEN BEWUSSTSEINS- UND ENERGIEEBENEN

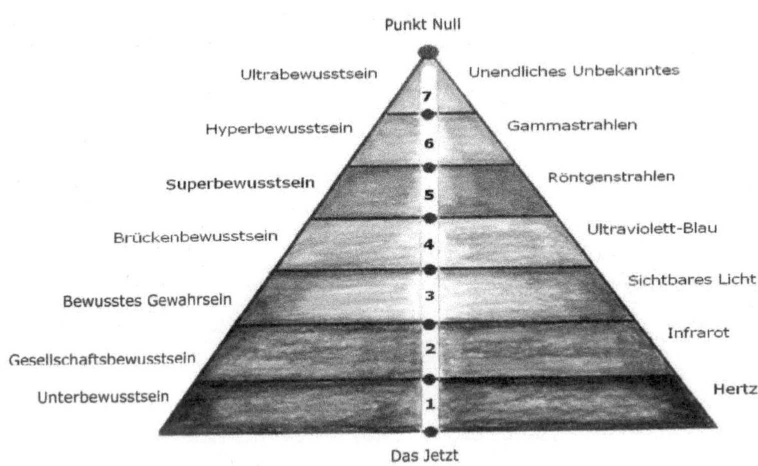

ABB. C: SIEBEN KÖRPER INEINANDER

Punkt Null
7. Ebene – Unendliches Unbekanntes
6. Ebene – Rosafarbener Körper
5. Ebene – Goldener Körper
4. Ebene – Blauer Körper
3. Ebene – Lichtkörper
2. Ebene – Infraroter Körper
1.Ebene – Physischer Körper

Abb. D: Bewusstsein und Energie im Lichtspektrum

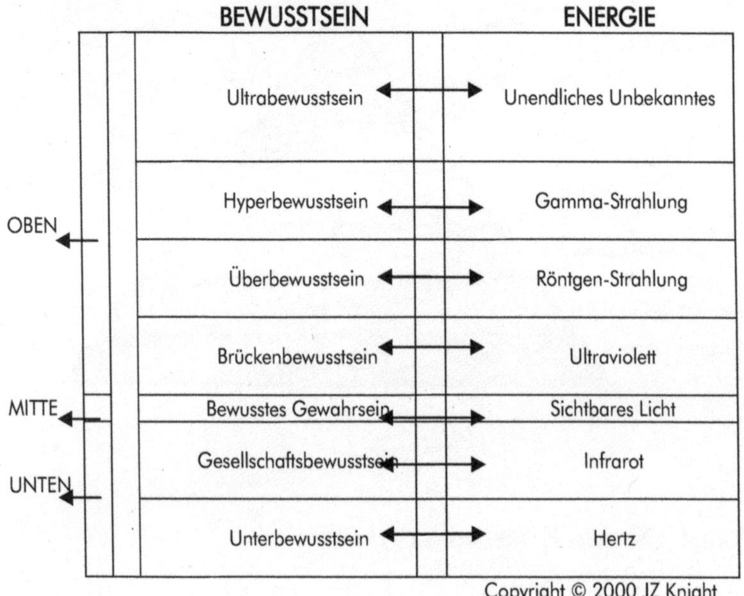

Abb. E: Das Gehirn

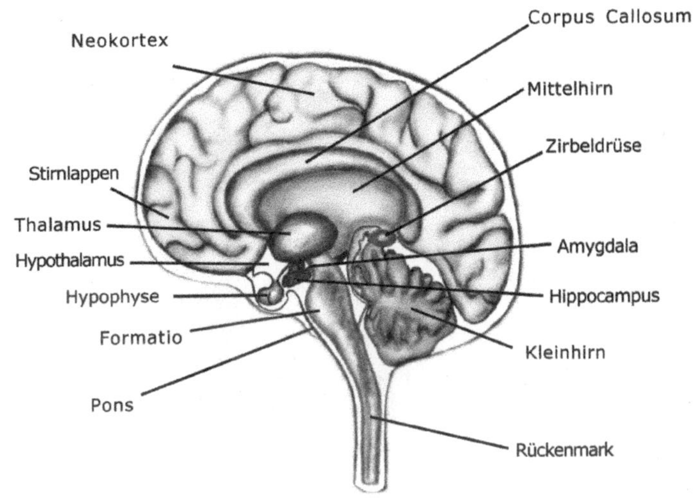

Das ist die ursprüngliche, karikaturähnliche Zeichnung, die Ramtha für seine Lehre über die Funktion des Gehirns und seiner Prozesse verwendet hat. Er erklärt, dass die unterschiedlichen Aspekte des Gehirns in dieser bestimmten Zeichnung für den Zweck des Studiums und Verständnisses übertrieben dargestellt und farblich unterstrichen sind. Diese spezielle Zeichnung wurde zum Standardwerkzeug in allen folgenden Lehren über das Gehirn.

Abb. F: Binärer Mind – Leben im Image

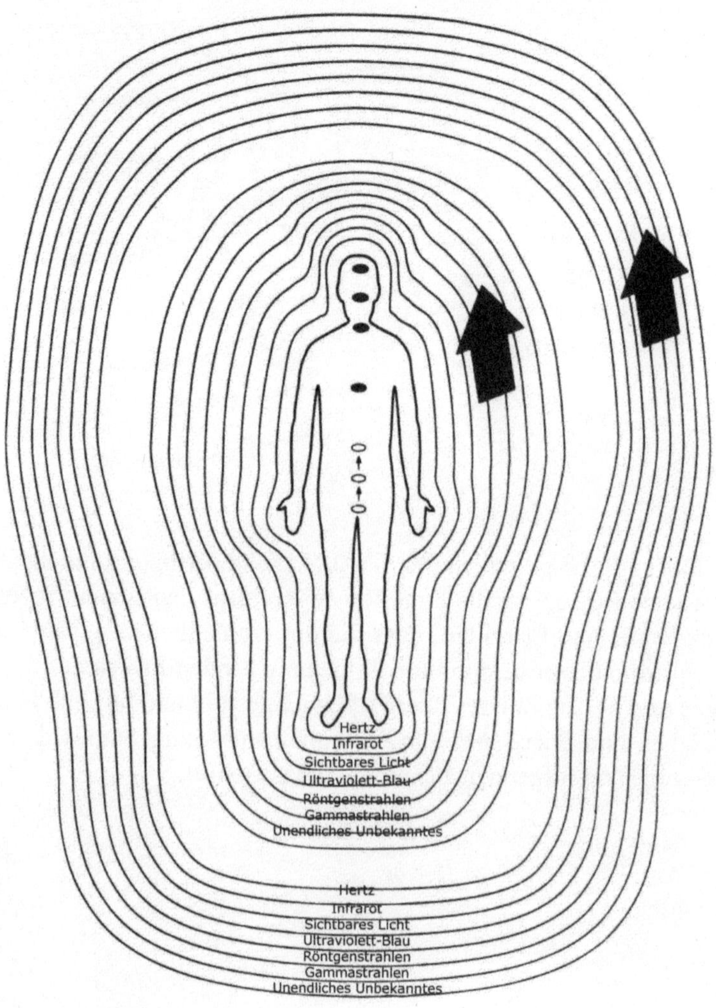

ABB. G: ANALOGER MIND – LEBEN IM JETZT

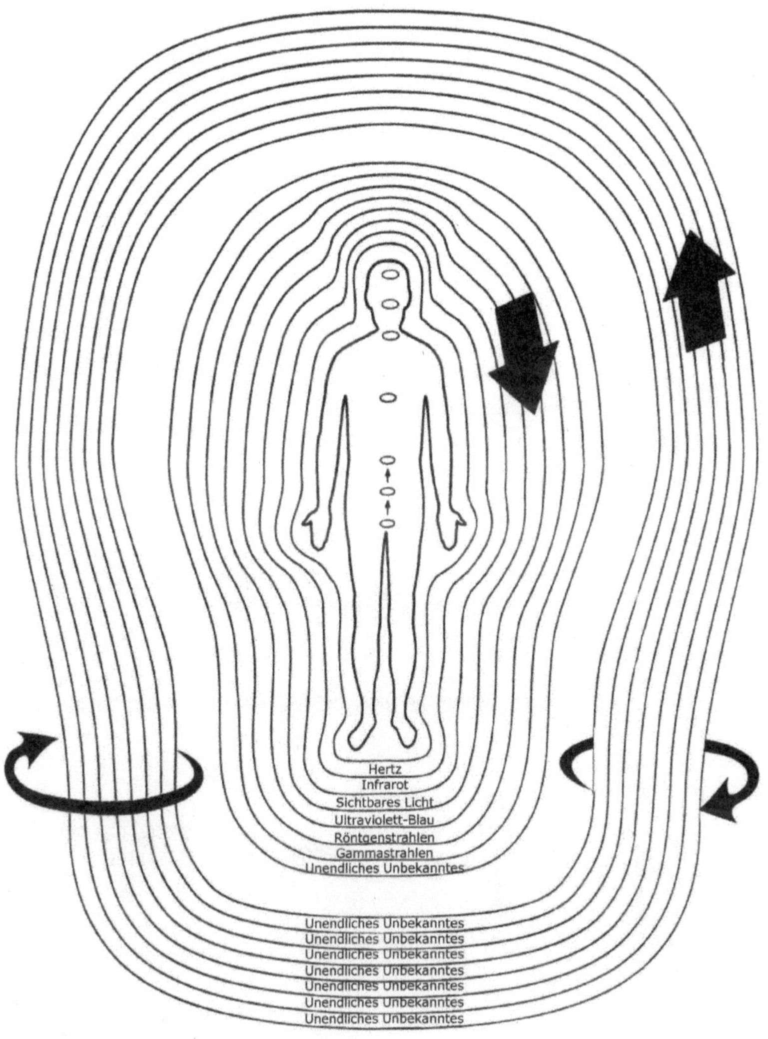

ABB. H: DER BEOBACHTER LÄSST ENERGIE IN EINE PARTIKELREALITÄT KOLLABIEREN

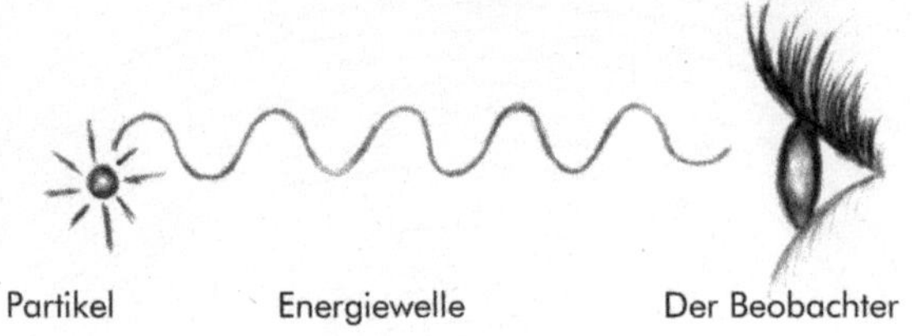

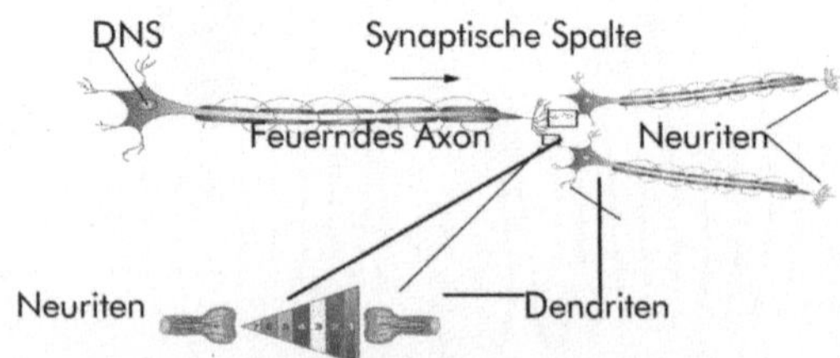

Feuern auf unterschiedlichen Ebenen des Quantenpotenzials, das Gedanken erzeugt.

ABB. I: ZELLBIOLOGIE UND DIE GEDANKENVERBINDUNG:

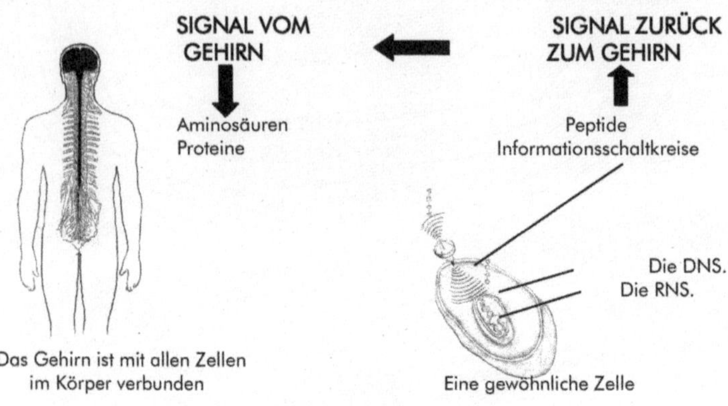

ABB. J: NETZARTIGE SKELETTSTRUKTUREN DER MASSE

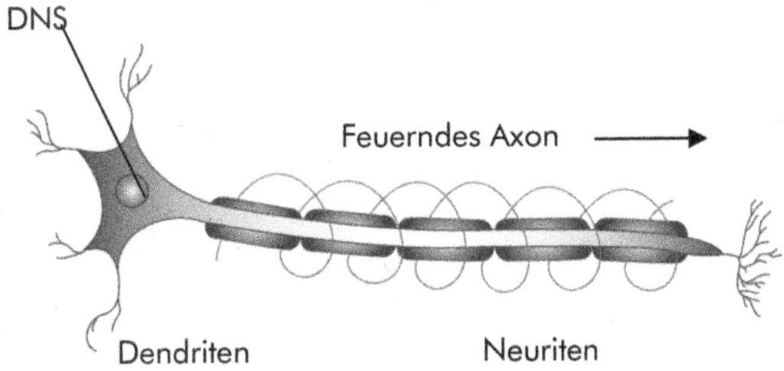

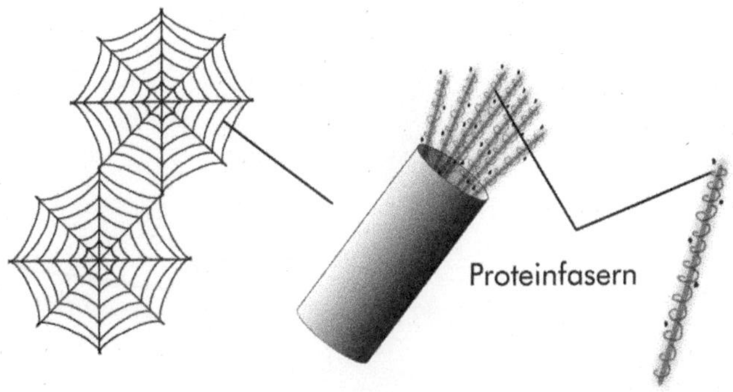

ABB. K: DER BLAUE KÖRPER – BLUE BODY®

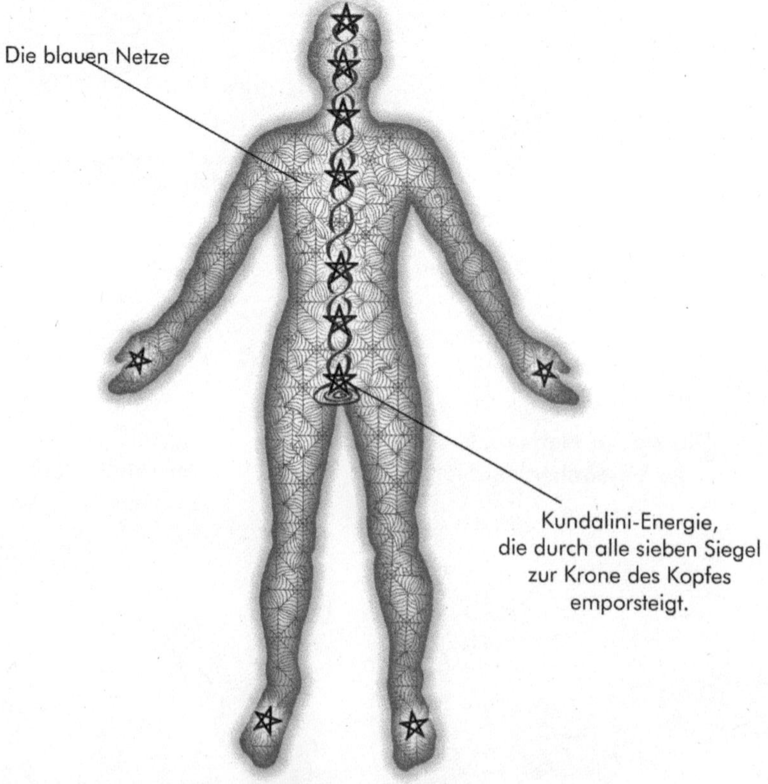

Ramtha's School of Enlightenment

THE SCHOOL OF ANCIENT WISDOM

A Division of JZK, Inc.
P.O. Box 1210
Yelm, Washington 98597
360.458.5201
800.347.0439
www.ramtha.com
www.jzkpublishing.com

RAMTHA
Die Wiederentdeckung der Perle der Alten Weisheit
DIE GESCHICHTE DER MENSCHHEIT AUS DER SICHT EINES MEISTERS
Teil II
€ 23,80
ISBN: 978-3-89539-045-6

„Ich sage euch, dass ihr das finden werdet, was man eure eigene Beziehung zu Gott nennt. Und in eurer eigenen Beziehung zu Gott definiert ihr sie individuell. Ist sie definiert, werdet ihr ein wahrer und bedeutsamer Student dieses Großen Werkes sein. Ich habe mir in jeder Zuhörerschaft viel Zeit genommen, um über einen langen Zeitraum die Geisteshaltung jedes einzelnen anzusprechen. Und angesprochen habe ich sie sehr gut. Wie schreiben wir das in einem Buch? Wie sagen wir, was die Lehren des Ram sind?"

RAMTHA
DIE GESCHICHTE DER MENSCHHEIT AUS DER SICHT EINES MEISTERS
Menschliche Zivilisation
€ 23,80
ISBN: 978-3-89539-048-7

Das Buch ist sehr umfassend und behandelt die Schöpfung der Menschheit und ihre Bestimmung und den Sieg der Unsterblichkeit. Es wird auf Religionen, Schöpfungstheorien, aber auch auf den Eingriff der Götter vor 455,000 Jahren etc...eingegangen....... Das Buch ist für neue Ramtha Leser geeignet, aber auch ein großer Schatz für alle, die bereits viele Bücher von Ramtha gelesen haben.

Michaels Verlag & Vertrieb GmbH
Ammergauer Str. 80 - 86971 Peiting, Tel.: 08861-59018
Fax: 08861-67091, e-mail: info@michaelsverlag.de
Internet: www.michaelsverlag.de

Ramtha: „Diese Bücher sollen uns nicht nur das Wissen vom WERDEN und MANIFESTIEREN aufzeigen, sondern auch, wer wir sein können und wer wir bisher waren."

Ramtha

Das Eigene Werden

€ 24,90 ISBN: 978-3-89539-058-6

Jede Seite enthält einzelne Gedanken oder Gedankenkomplexe über die Schönheit, Würdigkeit und Macht des menschlichen Geistes. Es soll uns lehren, bedingungslos zu lieben und den „Vater" in uns zu finden.

Ramtha

Das Manifestieren

€ 19,90 ISBN: 978-3-89539-059-3

Dieses Buch ist ebenso gestaltet wie das Buch „Werden". Es zeigt uns, wie man Mangel in Fülle umwandelt und die Vergangenheit und Zukunft in Einklang bringt, um das zu kreieren, was wir möchten. Dieses Buch enthält Techniken, Übungen und Informationen, die uns helfen, zu manifestieren.

Ramtha

Einführung

€ 12,90 ISBN: 978-3-89539-054-8

"Ramtha: eine Einführung - Ausgewählte Lehren" wurde so gestaltet, daß beide Ansprüche befriedigt werden. Es stellt eine informative, leicht zu lesende und unterhaltsame Sammlung von stilistisch überarbeiteten Mitschriften dar, die ausgewählt wurden, um durch eine Vielzahl von Themen einen möglichst breiten Querschnitt durch Ramthas Weisheit vorzustellen.

Michaels Verlag & Vertrieb GmbH
Ammergauer Str. 80 - 86971 Peiting, Tel.: 08861-59018
Fax: 08861-67091, e-mail: info@michaelsverlag.de
Internet: www.michaelsverlag.de

Ramtha
Elixier mit Namen Liebe
€ 19,80
ISBN: 978-3-89539-039-5

Was ist Liebe wirklich? Ist sie real oder ist sie nur eine Illusion unserer wildesten Träume? Was bringt uns dazu, uns in einen anderen Menschen zu verlieben? Was können wir von unseren Beziehungen erwarten? Was gibt es dabei darüber zu lernen, wer wir wirklich sind?

Ramthas mutige Ehrlichkeit und sein scharfer Geist leiten uns wie niemals zuvor durch das Buch zum Kern der Marterie.

Ramthas mutige Ehrlichkeit und sein scharfer Geist leiten uns wie niemals zuvor durch das Buch zum Kern der Materie.

Beinahe zwei Jahrzehnte nach der Veröffentlichung von *Liebe Dich selbst ins Leben* macht uns Ramtha erneut mit unvergleichlicher Einfachheit und in genialer Weise mit diesem geheimnisvollen Thema im Herzen aller menschlicher Sehnsucht bekannt – diesem Elixier mit Namen Liebe.

A STATE OF MIND
MEIN LEBEN
MIT RAMTHA
€ 25,80
ISBN: 978-3-89539-041-8

Dies ist JZ Knights eigene Geschichte. Es ist der inspirierende Bericht einer Frau, die die widrigsten Umstände überwindet ... die aufrichtige Schilderung einer Seele, die ihre Bestimmung letztlich in der Liebe zu ihrem wahren, zeitlosen Gefährten findet ...

Im Alter von 31 Jahren änderte sich ihr Leben von Grund auf. JZ Knight, Ehefrau, Mutter und erfolgreiche Geschäftsfrau begegnete ihrer Bestimmung - Ramtha, dem Erleuchteten, dem Geist eines 35.000 Jahre alten Kriegers aus dem alten Atlantis. Er gab ihr lebenswichtige spirituelle Botschaften für unsere Zeit. Dieses visionäre Ereignis veränderte ihr eigenes Leben und auch das ungezählter anderer auf der ganzen Welt, die zusammenkamen, um zu sehen und zu hören, wie JZ Knight Ramthas Lehren auf dem zeitlosen Pfad der bedingungslosen Liebe „channelte“.

Wendezeit

€ 12,50 ISBN: 978-3-89539-052-4

Im Verlauf seiner Reden legt uns Ramtha ans Herz, in Harmonie mit der Natur - dem Lebensstrom, der unsere Existenz gewährleistet und die einzige Erlebnisebene ist, in der wir unser Gottsein erkennen können - zu fließen. „Jemand der aus dem Traum, genannt Menschheit erwacht, bewegt sich in Harmonie mit der Natur, wie in einer Symphonie. Jemand, der dazu gezwungen ist, für sein Überleben selbst zu sorgen und in dieser Bewährungsprobe aufblüht, hat gelernt enorme Widrigkeiten zu überwinden."

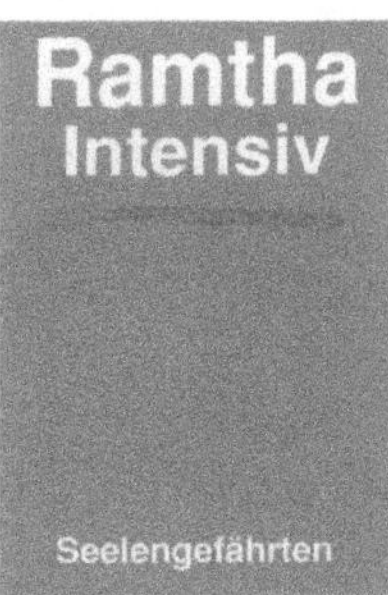

Seelengefährten

€ 12,50 ISBN: 978-3-89539-053-1

Die Romantik von Seelengefährten hat die Phantasie des Menschen schon seit Ewigkeiten gefangengenommen - jener Traum nämlich, dass es irgendwo diese eine besondere Person gibt, die den Leser auszufüllen vermag und das Leben glücklich werden lässt.

Ufos

€ 16,90 ISBN: 978-3-89539-055-5

Sehr einfach und sehr direkt legt *UFOs und ihre Beschaffenheit von Wirklichkeit* offen, wer die Außerirdischen sind, woher sie kommen, und was sie wollen. Dieses Buch ist ein „Muss" für jene, die am UFO Phänomen interessiert sind, und auch für jene, die niemals eine Korrelation gesehen haben zwischen Außerirdischen und Gott. Es ist eine Brücke, die es dem Leser erlaubt, zwischen bisher nicht verfügbaren und oftmals ungeheuerlichen technischen Angaben und der Göttlichkeit des unbegrenzten Gedankens hin und her zu schreiten.

Michaels Verlag & Vertrieb GmbH
Ammergauer Str. 80 - 86971 Peiting, Tel.: 08861-59018
Fax: 08861-67091, e-mail: info@michaelsverlag.de
Internet: www.michaelsverlag.de

Ramtha
Das Mysterium von Geburt und Tod
€ 19,80
ISBN 978-3-89539-049-4

Warum sind wir hier?
Uralte Fragen über Reinkarnation und den verführerischen Reiz der Körperlichkeit werden durch die Offenbarung des wahren Ich beantwortet.
Dieses bemerkenswerte Buch zu lesen und mit anderen Menschen zu teilen, ist einfach wunderbar.

Ramtha
€ 19,80
ISBN 978-3-89539-050-0

Von Ramtha selbst, wird es „Das große weiße Buch“ genannt.
Es ist das Grundlagenwerk von Ramthas Lehren.
Dieses Werk stellt für die in Unwissenheit und in ihrer Evolution feststeckende Menschheit ein Juwel von unschätzbarem Wert dar. Es setzt in den Menschen ein Wissen wieder frei, das dieser vor langer, langer Zeit vergessen hat.

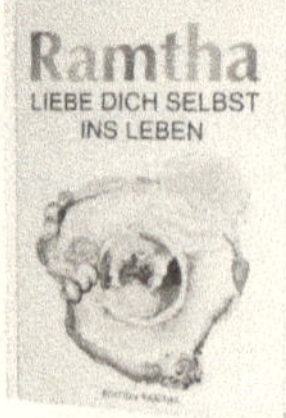

Ramtha
Liebe dich selbst ins Leben
€ 24,90
ISBN 978-3-89539-062-3

“Ramtha - Liebe dich selbst ins Leben” ist der erste in einer Reihe von Bänden, die in ihrer Gesamtheit eine Zusammenfassung der Lehren eines Wesens darstellen, das als „Ramtha, der Erleuchtete“ bekannt ist. Dieses Buch ist gänzlich nach wörtlichen Niederschriften von Tonbandaufzeichnungen öffentlicher und privater Versammlungen übersetzt, die von Ramtha zwischen 1979 und 1983 abgehalten wurden.